하루 10분 자주 틀리는

초등 맞춤법 받아쓰기

1단계 (1-2학년)

미래주니어

머리말

자주 틀리는 낱말부터 문장까지 따라 쓰며 차근차근 받아쓰기 실력을 키우세요!

❁ 올바른 맞춤법, 저절로 익혀지는 게 아니에요!

받아쓰기는 단순히 듣고 쓰는 활동이 아니라, 올바른 맞춤법을 익히고 국어 실력의 기초를 다지는 중요한 학습입니다. 특히 초등 저학년 시기에 낱말의 발음과 맞춤법을 익히는 과정은 글을 읽고 쓰는 모든 활동의 출발점이 됩니다.

하지만 맞춤법과 받아쓰기 실력은 시간이 지나면서 저절로 좋아지는 것이 아닙니다. 이 시기에 제대로 학습하지 않으면 고학년이 되어서도 맞춤법 실수가 반복되어 학습에 어려움을 겪을 수 있습니다. 우리말에는 소리 나는 대로 쓰면 안 되는 낱말이 많습니다. 이런 낱말들을 단순 암기로 외우기보다는, 기본적인 맞춤법 원리를 이해하고 예문을 읽고 따라 쓰는 반복 학습 훈련이 효과적입니다. 이때 맞춤법의 원리를 완벽하게 이해하지 않아도 괜찮습니다. 가볍게 원리를 이해하는 정도면 충분합니다.

❁ 받아쓰기할 때 자주 틀리는 맞춤법을 3단계 학습으로 익혀요!

이 책은 총 3개의 장으로 나뉘며, 자주 틀리는 맞춤법 낱말을 ①읽기 연습 ➡ ②낱말 쓰기 ➡ ③문장 쓰기의 3단계로 학습합니다. 1장에서는 받아쓰기에 꼭 필요한 기본적인 맞춤법 원리를 쉽게 설명하고, 관련 낱말을 읽고 따라 쓸 수 있도록 했습니다. 2장에서는 소리는 다르지만 헷갈리는 낱말을, 3장에서는 소리는 비슷하지만 뜻이 다른 낱말을 구별할 수 있도록 구성했습니다.

맞춤법을 익히는 3단계 학습 중 '읽기 연습'은 매우 중요합니다. 낱말의 소리와 글자를 외우는 것보다, 여러 번 소리 내어 읽으며 입과 눈에 익숙하게 하는 것이 먼저입니다. 그다음 낱말과 문장을 따라 쓰는 활동을 통해 자연스럽게 반복 학습이 이루어집니다.

헷갈리기 쉬운 낱말은 비교하여 설명하고, 다양한 예문으로 이해를 도왔습니다. 예를 들어 '크다'와 '많다'는 '발이 크다 / 발이 커요', '숙제가 많다 / 숙제가 많아요'처럼 기본형과 해요체를 함께 익히며 다양한 문형을 연습할 수 있게 했습니다.

✿ 예문 따라 쓰기로 맞춤법, 띄어쓰기, 바른 글씨까지 한 번에!

이 책은 자주 틀리는 낱말을 아는 데 그치지 않고, 예문을 따라 쓰며 맞춤법과 띄어쓰기, 바른 글씨까지 함께 익힐 수 있도록 설계했습니다. 어릴 때 굳어진 글씨 습관은 평생 이어집니다. 바른 글씨 연습에 용이한 고딕 서체를 채택하고, 문제집 형태의 책들과는 달리 따라 쓰기 중심으로 구성한 것이 이 책의 장점입니다. 또한 헷갈리는 낱말도 예문과 함께 익히면 실생활 속에서 쉽게 떠올릴 수 있습니다.

초등 맞춤법은 단지 학교 공부를 위한 것이 아니라, 글을 쓰고 말할 때 자신 있게 표현하는 힘을 기르는 실용적인 학습입니다. 하루 10분, 하루 한 장! 소리 내어 읽고 또박또박 따라 쓰는 습관이 쌓이면 받아쓰기 실력도 쑥쑥 자라납니다.

이 책의 구성

1장 : 받아쓰기에서 가장 자주 틀리는 낱말

받아쓰기에 필요한 기본적인 맞춤법 원리를 쉽게 설명했습니다.

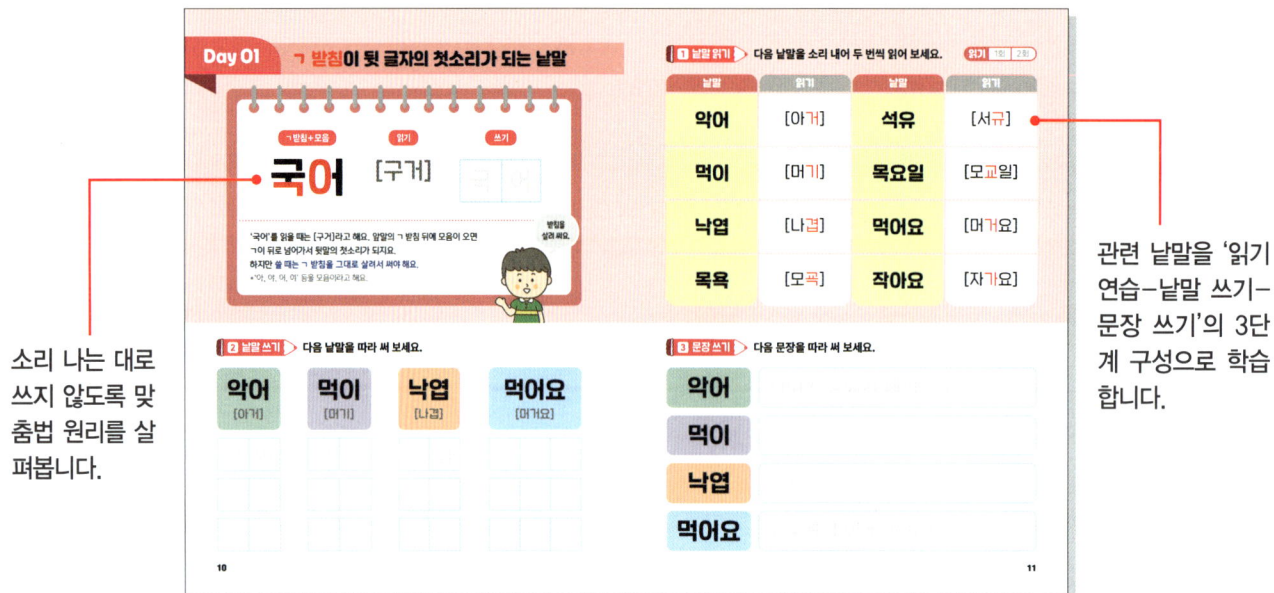

소리 나는 대로 쓰지 않도록 맞춤법 원리를 살펴봅니다.

관련 낱말을 '읽기 연습-낱말 쓰기-문장 쓰기'의 3단계 구성으로 학습합니다.

2장 : 받아쓰기에서 잘못 쓰기 쉬운 낱말

소리가 서로 다른데도 헷갈리는 낱말을 한데 정리했습니다.

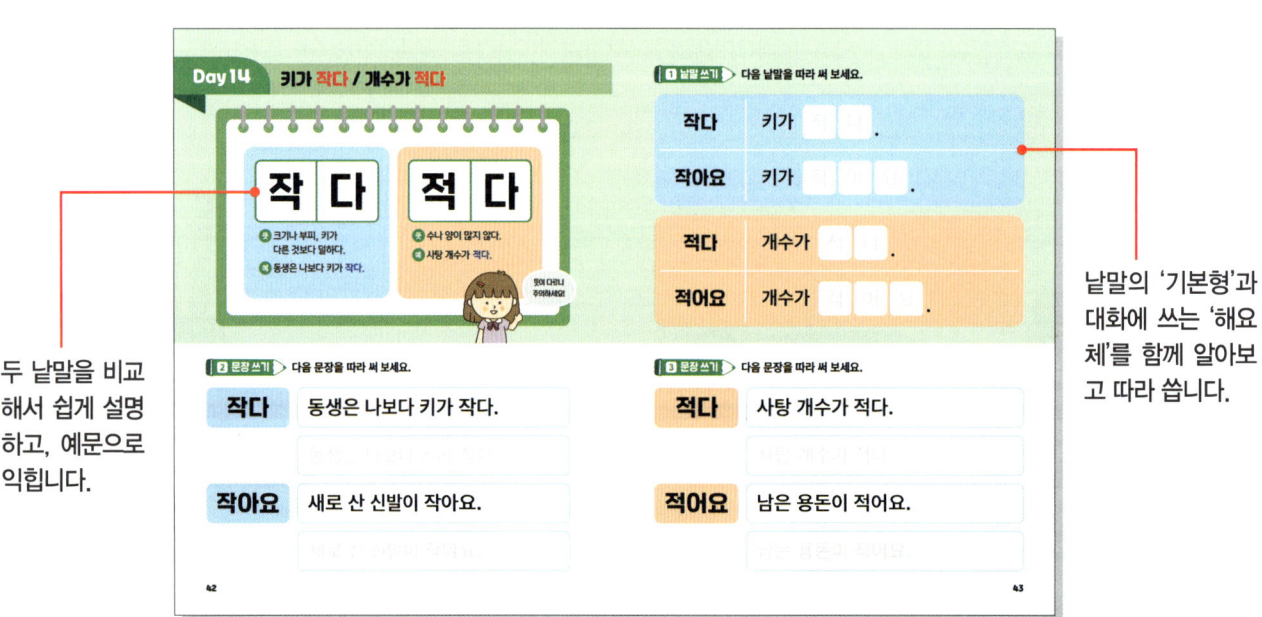

두 낱말을 비교해서 쉽게 설명하고, 예문으로 익힙니다.

낱말의 '기본형'과 대화에 쓰는 '해요체'를 함께 알아보고 따라 씁니다.

3장 : 받아쓰기에서 구별해서 써야 하는 낱말

소리가 서로 비슷해서 헷갈리는 낱말을 구분해서 익힙니다.

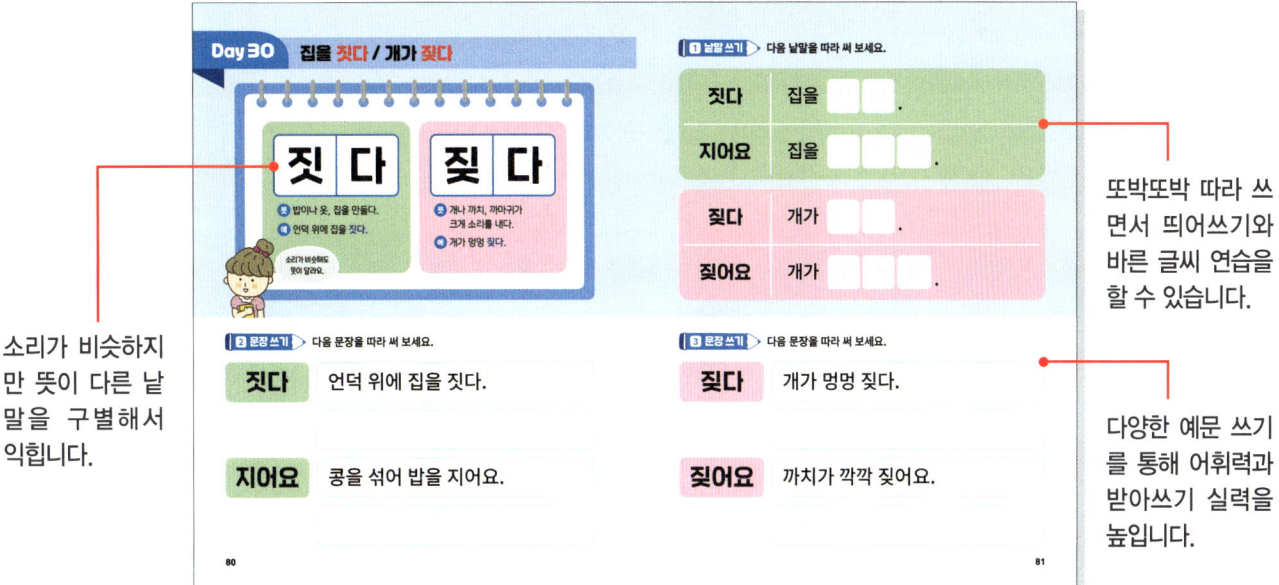

소리가 비슷하지만 뜻이 다른 낱말을 구별해서 익힙니다.

또박또박 따라 쓰면서 띄어쓰기와 바른 글씨 연습을 할 수 있습니다.

다양한 예문 쓰기를 통해 어휘력과 받아쓰기 실력을 높입니다.

도전! 복습 퀴즈

앞서 공부한 맞춤법을 퀴즈를 통해 확인하고 마무리합니다.

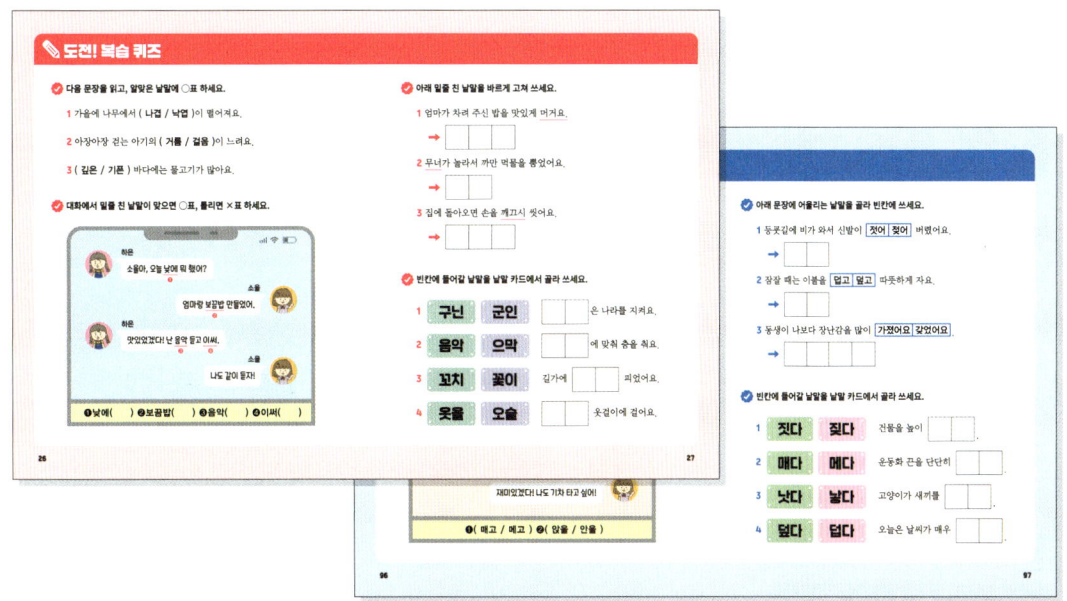

차 례

머리말 … 2   이 책의 구성 … 4

1장 받아쓰기에서 가장 자주 틀리는 낱말

Day 01 ㄱ 받침이 뒷 글자의 첫소리가 되는 낱말 … 10
Day 02 ㄴ 받침이 뒷 글자의 첫소리가 되는 낱말 … 12
Day 03 ㄷ 받침이 뒷 글자의 첫소리가 되는 낱말 … 14
Day 04 ㄹ, ㅁ 받침이 뒷 글자의 첫소리가 되는 낱말 … 16
Day 05 ㅂ, ㅅ 받침이 뒷 글자의 첫소리가 되는 낱말 … 18
Day 06 ㅈ, ㅊ 받침이 뒷 글자의 첫소리가 되는 낱말 … 20
Day 07 ㅌ, ㅍ 받침이 뒷 글자의 첫소리가 되는 낱말 … 22
Day 08 ㄲ, ㅆ 받침이 뒷 글자의 첫소리가 되는 낱말 … 24

도전! 복습 퀴즈 … 26

Day 09 받침이 대표 소리 ㄱ으로 나는 낱말 … 28
Day 10 받침이 대표 소리 ㄷ으로 나는 낱말 … 30
Day 11 받침이 대표 소리 ㅂ으로 나는 낱말 … 32
Day 12 ㄱ, ㄷ, ㅂ 받침 뒤에서 된소리가 나는 낱말 … 34
Day 13 ㄴ, ㄹ, ㅁ, ㅇ 받침 뒤에서 된소리가 나는 낱말 … 36

도전! 복습 퀴즈 … 38

기본적인 맞춤법 원리를 익혀요.

2장 받아쓰기에서 잘못 쓰기 쉬운 낱말

Day 14 키가 **작다** / 개수가 **적다** … 42
Day 15 발이 **크다** / 숙제가 **많다** … 44
Day 16 생각이 **다르다** / 답이 **틀리다** … 46
Day 17 옷이 **두껍다** / 우정이 **두텁다** … 48
Day 18 약속을 **잊다** / 지갑을 **잃다** … 50
Day 19 창문을 **닫다** / 손이 **닿다** … 52
Day 20 눈부신 **햇빛** / 따뜻한 **햇볕** … 54
Day 21 **한참** 기다리다 / **한창** 사춘기이다 … 56

도전! 복습 퀴즈 … 58

소리가 다른데 헷갈리는 낱말을 익혀요.

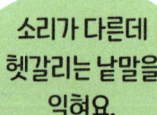

- **Day 22** 물감을 **섞다** / 과일이 **썩다** … 60
- **Day 23** 새가 **날다** / 상자를 **나르다** … 62
- **Day 24** 손전등으로 **비추다** / 거울에 **비치다** … 64
- **Day 25** 행복하기를 **바라다** / 색이 **바래다** … 66
- **Day 26** 문구점에 **들르다** / 음악 소리가 **들리다** … 68
- **Day 27** 간격을 **벌리다** / 말싸움을 **벌이다** … 70
- **Day 28** 군인**이었다** / 가수**였다** … 72
- **Day 29** 연필**이에요** / 지우개**예요** … 74
- 📖 도전! 복습 퀴즈 … 76

3장 받아쓰기에서 구별해서 써야 하는 낱말

- **Day 30** 집을 **짓다** / 개가 **짖다** … 80
- **Day 31** 나이가 **같다** / 꿈을 **갖다** … 82
- **Day 32** 물이 **새다** / 힘이 **세다** … 84
- **Day 33** 끈을 **매다** / 책가방을 **메다** … 86
- **Day 34** 날씨가 **덥다** / 뚜껑을 **덮다** … 88
- **Day 35** 국을 **젓다** / 옷이 **젖다** … 90
- **Day 36** 아기를 **안다** / 의자에 **앉다** … 92
- **Day 37** 감기가 **낫다** / 새끼를 **낳다** … 94
- 📖 도전! 복습 퀴즈 … 96

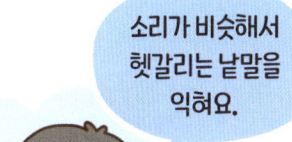

- **Day 38** 산 **너머** / 담을 **넘어** … 98
- **Day 39** 텃밭에 **거름** / 빠른 **걸음** … 100
- **Day 40** 학교에 **있다가** / **이따가** 만나자 … 102
- **Day 41** 잃어버려서 **어떡해** / **어떻게** 풀어요? … 104
- **Day 42** 약속을 **반드시** / 자세를 **반듯이** … 106
- **Day 43** 수업을 **마치다** / 정답을 **맞히다** … 108
- **Day 44** 심부름을 **시키다** / 국물을 **식히다** … 110
- **Day 45** 무릎을 **다치다** / 문이 **닫히다** … 112
- 📖 도전! 복습 퀴즈 … 114

정답 … 116

기본적인 맞춤법 원리를
재미있게 익혀 보세요.

1장

받아쓰기에서 가장 자주 틀리는 낱말

Day 01 — ㄱ 받침이 뒷 글자의 첫소리가 되는 낱말

ㄱ 받침+모음 **읽기** **쓰기**

국어 [구거] 국 어

'국어'를 읽을 때는 [구거]라고 해요. 앞말의 ㄱ 받침 뒤에 모음이 오면 ㄱ이 뒤로 넘어가서 뒷말의 첫소리가 되지요.
하지만 쓸 때는 ㄱ 받침을 그대로 살려서 써야 해요.
*'아, 야, 어, 여' 등을 모음이라고 해요.

받침을 살려 써요.

2 낱말 쓰기 — 다음 낱말을 따라 써 보세요.

악어 [아거]

먹이 [머기]

낙엽 [나겹]

먹어요 [머거요]

악 어

먹 이

낙 엽

먹 어 요

1 낱말 읽기 다음 낱말을 소리 내어 두 번씩 읽어 보세요. 읽기 1회 2회

낱말	읽기	낱말	읽기
악어	[아거]	석유	[서규]
먹이	[머기]	목요일	[모교일]
낙엽	[나겹]	먹어요	[머거요]
목욕	[모곡]	작아요	[자가요]

3 문장 쓰기 다음 문장을 따라 써 보세요.

악어	악어가 강에서 헤엄쳐요.
먹이	새가 먹이를 찾고 있어요.
낙엽	가을에 낙엽이 떨어져요.
먹어요	과자를 맛있게 먹어요.

Day 02 — ㄴ 받침이 뒷 글자의 첫소리가 되는 낱말

ㄴ 받침+모음

인어

읽기 [이너]

쓰기 인 어

'인어'를 읽을 때는 [이너]라고 해요. 앞 글자의 ㄴ 받침 뒤에 모음이 오면 ㄴ이 뒤로 넘어가서 뒷 글자의 첫소리가 되지요. 하지만 쓸 때는 ㄴ 받침을 그대로 살려서 써야 해요.

소리 나는 대로 쓰면 안 돼요.

2 낱말 쓰기 — 다음 낱말을 따라 써 보세요.

군인 [구닌]

문어 [무너]

눈앞 [누납]

어린이 [어리니]

1 낱말 읽기
다음 낱말을 소리 내어 두 번씩 읽어 보세요.

읽기 1회 2회

낱말	읽기	낱말	읽기
군인	[구닌]	눈앞	[누납]
문어	[무너]	어린이	[어리니]
단어	[다너]	연예인	[여녜인]
한옥	[하녹]	신어요	[시너요]

3 문장 쓰기
다음 문장을 따라 써 보세요.

군인 — 군인은 나라를 지켜요.

문어 — 문어가 먹물을 뿜었어요.

눈앞 — 눈앞에 무지개가 떴어요.

어린이 — 어린이가 웃으며 인사해요.

Day 03   ㄷ 받침이 뒷 글자의 첫소리가 되는 낱말

| ㄷ받침+모음 | 읽기 | 쓰기 |

믿음   [미듬]   믿 음

'믿음'을 읽을 때는 [미듬]이라고 해요. 앞 글자의 ㄷ 받침 뒤에 모음이 오면 ㄷ이 뒤로 넘어가서 뒷 글자의 첫소리가 되지요. 하지만 **쓸 때는 ㄷ 받침을 그대로 살려서 써야 해요.**

하루에 두 쪽씩 공부해요.

2 낱말 쓰기 ▶ 다음 낱말을 따라 써 보세요.

| 낱알 [나달] | 묻어 [무더] | 닫아요 [다다요] | 돌아요 [도다요] |

낱 알   묻 어   닫 아 요   돋 아 요

1 낱말 읽기 ▶ 다음 낱말을 소리 내어 두 번씩 읽어 보세요. 읽기 1회 2회

낱말	읽기	낱말	읽기
낱알	[나달]	걷어요	[거더요]
묻어	[무더]	얻어요	[어더요]
닫아요	[다다요]	쏟아지다	[쏘다지다]
돋아요	[도다요]	받아쓰기	[바다쓰기]

3 문장 쓰기 ▶ 다음 문장을 따라 써 보세요.

낱알 — 곡식의 낱알이 떨어졌어요.

묻어 — 바지에 흙이 묻어 있어요.

닫아요 — 창문을 밀어서 닫아요.

돋아요 — 새싹이 땅 위로 돋아요.

Day 04 — ㄹ, ㅁ 받침이 뒷 글자의 첫소리가 되는 낱말

ㄹ 받침+모음 | **읽기** | **쓰기**

얼음 [어름]

'얼음'은 [어름]이라고 읽고, '음악'은 [으막]이라고 읽어요.
앞 글자의 ㄹ, ㅁ 받침 뒤에 모음이 오면
ㄹ, ㅁ이 뒤로 넘어가서 뒷 글자의 첫소리가 되지요.
하지만 **쓸 때는 ㄹ, ㅁ 받침을 그대로 살려서 써야 해요.**

또박또박 따라 쓰며 익혀요!

2 낱말 쓰기 ▶ 다음 낱말을 따라 써 보세요.

| 걸음 [거름] | 놀이터 [노리터] | 음악 [으막] | 꿈을 [꾸믈] |

1 낱말 읽기
다음 낱말을 소리 내어 두 번씩 읽어 보세요. 읽기 1회 2회

낱말	읽기	낱말	읽기
걸음	[거름]	음악	[으막]
길이	[기리]	참외	[차뫼]
놀이터	[노리터]	꿈을	[꾸믈]
귀걸이	[귀거리]	잠이	[자미]

3 문장 쓰기
다음 문장을 따라 써 보세요.

걸음	아기의 걸음이 느려요.
놀이터	놀이터에서 그네를 탔어요.
음악	음악에 맞춰 춤을 춰요.
꿈을	꿈을 이루기 위해 노력해요.

Day 05 — ㅂ, ㅅ 받침이 뒷 글자의 첫소리가 되는 낱말

ㅅ 받침+모음

웃음 [우슴]

읽기 [우슴]

쓰기 웃음

'입원'은 [이붠]이라고 읽고, '웃음'은 [우슴]이라고 읽어요.
앞 글자의 ㅂ, ㅅ 받침 뒤에 모음이 오면
ㅂ, ㅅ이 뒤로 넘어가서 뒷 글자의 첫소리가 되지요.
하지만 **쓸 때는 ㅂ, ㅅ 받침을 그대로 살려서 써야 해요.**

설명은 가볍게 읽어도 괜찮아요!

2 낱말 쓰기 — 다음 낱말을 따라 써 보세요.

| 입원 [이붠] | 손잡이 [손자비] | 옷을 [오슬] | 깨끗이 [깨끄시] |

1 낱말 읽기
다음 낱말을 소리 내어 두 번씩 읽어 보세요. 읽기 1회 2회

낱말	읽기	낱말	읽기
입원	[이붠]	옷을	[오슬]
손잡이	[손자비]	깨끗이	[깨끄시]
잡아요	[자바요]	씻어요	[씨서요]
입어요	[이버요]	벗어요	[버서요]

3 문장 쓰기
다음 문장을 따라 써 보세요.

입원	아파서 병원에 입원했어요.
손잡이	손잡이를 돌려서 문을 열어요.
옷을	옷을 옷걸이에 걸어요.
깨끗이	손을 깨끗이 씻어요.

Day 06

ㅈ 받침+모음 **읽기** **쓰기**

달맞이 [달마지]

| 달 | 맞 | 이 |

'달맞이'는 [달마지]라고 읽고, '빛이'는 [비치]라고 읽어요.
앞 글자의 ㅈ, ㅊ 받침 뒤에 모음이 오면
ㅈ, ㅊ이 뒤로 넘어가서 뒷 글자의 첫소리가 되지요.
하지만 쓸 때는 ㅈ, ㅊ 받침을 그대로 살려서 써야 해요.

낱말을 여러 번 따라 읽어요!

2 낱말 쓰기 다음 낱말을 따라 써 보세요.

낮에 [나제]

젖은 [저즌]

빛이 [비치]

꽃이 [꼬치]

1 낱말 읽기
다음 낱말을 소리 내어 두 번씩 읽어 보세요. 읽기 1회 2회

낱말	읽기	낱말	읽기
낮에	[나제]	빛이	[비치]
젖은	[저즌]	꽃이	[꼬치]
짖어요	[지저요]	꽃을	[꼬츨]
찾아요	[차자요]	쫓아요	[쪼차요]

3 문장 쓰기
다음 문장을 따라 써 보세요.

낮에 — 낮에 산책을 다녀왔어요.

젖은 — 젖은 옷은 갈아입어요.

빛이 — 창문으로 빛이 들어와요.

꽃이 — 길가에 꽃이 피었어요.

Day 07 ㅌ, ㅍ 받침이 뒷 글자의 첫소리가 되는 낱말

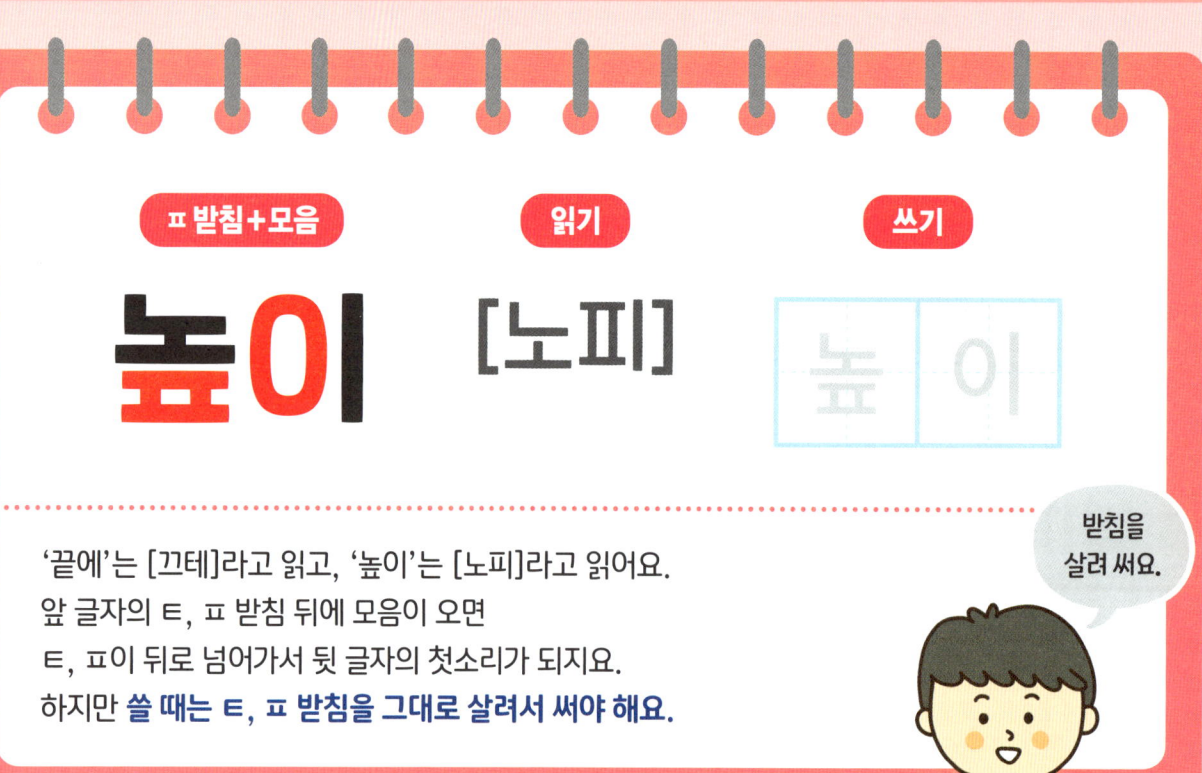

ㅍ 받침+모음 **읽기** **쓰기**

높이 [노피] 높이

'끝에'는 [끄테]라고 읽고, '높이'는 [노피]라고 읽어요.
앞 글자의 ㅌ, ㅍ 받침 뒤에 모음이 오면
ㅌ, ㅍ이 뒤로 넘어가서 뒷 글자의 첫소리가 되지요.
하지만 **쓸 때는 ㅌ, ㅍ 받침을 그대로 살려서 써야 해요.**

받침을 살려 써요.

2 낱말 쓰기 다음 낱말을 따라 써 보세요.

끝에	밑에	깊은	싶어요
[끄테]	[미테]	[기픈]	[시퍼요]

끝에　　밑에　　깊은　　싶어요

1 낱말 읽기
다음 낱말을 소리 내어 두 번씩 읽어 보세요.

읽기 1회 2회

낱말	읽기	낱말	읽기
끝에	[끄테]	깊은	[기픈]
밑에	[미테]	앞에	[아페]
붙어요	[부터요]	높아요	[노파요]
같아요	[가타요]	싶어요	[시퍼요]

3 문장 쓰기
다음 문장을 따라 써 보세요.

끝에 — 길 끝에 학교가 있어요.

밑에 — 책상 밑에 숨었어요.

깊은 — 깊은 바다에 물고기가 많아요.

싶어요 — 친구랑 같이 놀고 싶어요.

23

Day 08 ㄲ, ㅆ 받침이 뒷 글자의 첫소리가 되는 낱말

ㄲ 받침+모음 **읽기** **쓰기**

떡볶이 [떡뽀끼]   떡 볶 이

'떡볶이'는 [떡뽀끼]라고 읽고, '있어'는 [이써]라고 읽어요.
앞 글자의 ㄲ, ㅆ 받침 뒤에 모음이 오면
ㄲ, ㅆ이 뒤로 넘어가서 뒷 글자의 첫소리가 되지요.
하지만 쓸 때는 ㄲ, ㅆ 받침을 그대로 살려서 써야 해요.

소리 나는 대로 쓰면 안 돼요.

2 낱말 쓰기 다음 낱말을 따라 써 보세요.

| 밖에 [바께] | 볶음밥 [보끔밥] | 있어 [이써] | 갔어 [가써] |

밖에   볶음밥   있어   갔어

1 낱말 읽기 다음 낱말을 소리 내어 두 번씩 읽어 보세요.   읽기 1회 2회

낱말	읽기	낱말	읽기
밖에	[바께]	있어	[이써]
볶음밥	[보끔밥]	갔어	[가써]
섞어요	[서꺼요]	잤어요	[자써요]
깎아요	[까까요]	탔어요	[타써요]

3 문장 쓰기 다음 문장을 따라 써 보세요.

밖에	밖에 나갔더니 비가 내려요.
볶음밥	점심에 볶음밥을 먹었어요.
있어	가방 안에 책이 있어.
갔어	우리는 도서관에 갔어.

도전! 복습 퀴즈

✅ **다음 문장을 읽고, 알맞은 낱말에 ○표 하세요.**

1 가을에 나무에서 (나겹 / 낙엽)이 떨어져요.

2 아장아장 걷는 아기의 (거름 / 걸음)이 느려요.

3 (깊은 / 기픈) 바다에는 물고기가 많아요.

✅ **대화에서 밑줄 친 낱말이 맞으면 ○표, 틀리면 ×표 하세요.**

하은: 소율아, 오늘 낮에 뭐 했어? ❶

소율: 엄마랑 보끔밥 만들었어. ❷

하은: 맛있었겠다! 난 음악 듣고 이써. ❸ ❹

소율: 나도 같이 듣자!

❶낮에( ) ❷보끔밥( ) ❸음악( ) ❹이써( )

✅ 아래 밑줄 친 낱말을 바르게 고쳐 쓰세요.

1 엄마가 차려 주신 밥을 맛있게 머거요.
➡

2 무너가 놀라서 까만 먹물을 뿜었어요.
➡

3 집에 돌아오면 손을 깨끄시 씻어요.
➡

✅ 빈칸에 들어갈 낱말을 낱말 카드에서 골라 쓰세요.

1 구닌 / 군인 □□은 나라를 지켜요.

2 음악 / 으막 □□에 맞춰 춤을 춰요.

3 꼬치 / 꽃이 길가에 □□ 피었어요.

4 옷을 / 오슬 □□ 옷걸이에 걸어요.

Day 09 받침이 대표 소리 ㄱ으로 나는 낱말

ㅋ 받침   **읽기**   **쓰기**

부엌 [부억]

'가족'은 [가족], '부엌'은 [부억], '창밖'은 [창박]이라고 읽어요.
받침이 ㄱ, ㅋ, ㄲ인 것은 모두 [ㄱ]으로 소리 나서
'ㄱ'을 대표 소리라고 해요.
하지만 쓸 때는 원래 받침을 그대로 살려서 써요.

> 설명은 가볍게 읽어도 괜찮아요!

2 낱말 쓰기 ➤ 다음 낱말을 따라 써 보세요.

저녁	서녘	창밖	닭다
[저녁]	[서녘]	[창박]	[닥따]

1 낱말 읽기
다음 낱말을 소리 내어 두 번씩 읽어 보세요.

읽기 1회 2회

낱말	읽기	낱말	읽기
가족	[가족]	창밖	[창박]
저녁	[저녁]	닦다	[닥따]
키읃	[키읃]	묶다	[묵따]
서녘	[서녘]	꺾다	[꺽따]

3 문장 쓰기
다음 문장을 따라 써 보세요.

저녁 — 저녁 하늘에 별이 보여요.

서녘 — 서녘은 해가 지는 쪽이에요.

창밖 — 창밖에 비가 내려요.

닦다 — 거울을 깨끗이 닦다.

Day 10 받침이 대표 소리 ㄷ으로 나는 낱말

ㅅ 받침 **읽기** **쓰기**

그릇 [그륻]

'받침'은 [받침], '그릇'은 [그륻], '낮잠'은 [낟짬], '벚꽃'은 [벋꼳]이라고 읽어요. 받침이 ㄷ, ㅅ, ㅈ, ㅊ, ㅌ인 것은 모두 **[ㄷ]으로 소리 나서 'ㄷ'을 대표 소리라고 해요.** 하지만 쓸 때는 원래 받침을 그대로 살려서 써요.

쓸 때는 원래 받침대로!

2 낱말 쓰기 — 다음 낱말을 따라 써 보세요.

연못 [연몯]

낮잠 [낟짬]

벚꽃 [벋꼳]

단팥 [단팓]

1 낱말 읽기 — 다음 낱말을 소리 내어 두 번씩 읽어 보세요. 읽기 1회 2회

낱말	읽기	낱말	읽기
받침	[받침]	곶감	[곧깜]
연못	[연몯]	벚꽃	[벋꼳]
깃발	[긷빨]	단팥	[단팓]
낮잠	[낟짬]	가마솥	[가마솓]

3 문장 쓰기 — 다음 문장을 따라 써 보세요.

연못 — 연못에서 개구리가 울어요.

낮잠 — 피곤해서 낮잠을 잤어요.

벚꽃 — 공원에 벚꽃이 피었어요.

단팥 — 동생은 단팥빵을 좋아해요.

Day 11 받침이 대표 소리 ㅂ으로 나는 낱말

ㅍ 받침 **읽기** **쓰기**

헝겊 [헝겁]   헝겊

'배꼽'은 [배꼽], '헝겊'은 [헝겁], '무릎'은 [무릅]이라고 읽어요.
받침이 ㅂ, ㅍ인 것은 모두 [ㅂ]으로 소리 나서
'ㅂ'을 대표 소리라고 해요.
하지만 쓸 때는 원래 받침을 그대로 살려서 써요.

소리 내어 읽고 따라 써요!

2 낱말 쓰기 — 다음 낱말을 따라 써 보세요.

무릎	앞쪽	숲속	잎사귀
[무릅]	[압쪽]	[숩쏙]	[입싸귀]

무릎   앞쪽   숲속   잎사귀

1 낱말 읽기 ▶ 다음 낱말을 소리 내어 두 번씩 읽어 보세요. 읽기 1회 2회

낱말	읽기	낱말	읽기
배꼽	[배꼽]	숲속	[숩쏙]
무릎	[무릅]	갚다	[갑따]
앞쪽	[압쪽]	앞치마	[압치마]
덮개	[덥깨]	잎사귀	[입싸귀]

3 문장 쓰기 ▶ 다음 문장을 따라 써 보세요.

무릎	무릎에 멍이 들었어요.
앞쪽	앞쪽 가게만 비어 있어요.
숲속	숲속에는 동물들이 살아요.
잎사귀	바람에 잎사귀가 흔들려요.

Day 12 ㄱ, ㄷ, ㅂ 받침 뒤에서 된소리가 나는 낱말

ㄱ 받침 뒤	읽기	쓰기
국수	[국쑤]	국수

'국수'는 [국쑤], '걷기'는 [걷끼], '접시'는 [접씨]라고 읽어요. 앞 글자의 받침이 ㄱ, ㄷ, ㅂ일 때, 뒷 글자의 첫 자음 ㄱ, ㄷ, ㅂ, ㅅ, ㅈ은 [ㄲ, ㄸ, ㅃ, ㅆ, ㅉ]처럼 된소리가 나지요. 하지만 **쓸 때는 원래의 글자 그대로 써야 해요.**

된소리는 소리가 세고 또렷해요.

2 낱말 쓰기 ▷ 다음 낱말을 따라 써 보세요.

학교	약국	돋보기	접시
[학꾜]	[약꾹]	[돋뽀기]	[접씨]

34

1 낱말 읽기 다음 낱말을 소리 내어 두 번씩 읽어 보세요. 읽기 1회 2회

낱말	읽기	낱말	읽기
학교	[학꼬]	걷기	[걷끼]
약국	[약꾹]	돋보기	[돋뽀기]
박수	[박쑤]	접시	[접씨]
악기	[악끼]	답장	[답짱]

3 문장 쓰기 다음 문장을 따라 써 보세요.

학교	학교 앞에 문구점이 있어요.
약국	약국 옆에 병원이 있어요.
돋보기	돋보기로 식물을 관찰해요.
접시	과일을 접시에 담았어요.

Day 13 ㄴ, ㄹ, ㅁ, ㅇ 받침 뒤에서 된소리가 나는 낱말

ㄴ 받침 뒤 **읽기** **쓰기**

눈길 [눈낄]

'눈길'은 [눈낄], '글자'는 [글짜], '김밥'은 [김빱], '창가'는 [창까]라고 읽어요. 앞 글자의 받침이 ㄴ, ㄹ, ㅁ, ㅇ일 때, 뒷 글자의 첫 자음 ㄱ, ㄷ, ㅂ, ㅅ, ㅈ은 [ㄲ, ㄸ, ㅃ, ㅆ, ㅉ]처럼 된소리가 나지요.
하지만 **쓸 때는 원래의 글자 그대로 써야 해요.**

들리는 대로 쓰면 안 돼요!

2 낱말 쓰기 — 다음 낱말을 따라 써 보세요.

손등 [손뜽]	글자 [글짜]	김밥 [김빱]	상장 [상짱]

1 낱말 읽기
다음 낱말을 소리 내어 두 번씩 읽어 보세요.   읽기 1회 2회

낱말	읽기	낱말	읽기
손등	[손뜽]	김밥	[김빱]
안방	[안빵]	숨소리	[숨쏘리]
글자	[글짜]	창가	[창까]
물고기	[물꼬기]	상장	[상짱]

3 문장 쓰기
다음 문장을 따라 써 보세요.

손등 — 물감이 손등에 묻었어요.

글자 — 글자를 또박또박 써 보세요.

김밥 — 친구와 김밥을 나눠 먹어요.

상장 — 그림 대회에서 상장을 받았어요.

도전! 복습 퀴즈

✅ 다음 문장을 읽고, 알맞은 낱말에 ○표 하세요.

1 엄마가 (부엌 / 부억)에서 맛있는 요리를 해요.

2 달리기를 하다가 (무릅 / 무릎)을 다쳤어요.

3 (학꾜 / 학교) 앞에 있는 문구점에 들렀어요.

✅ 대화에서 밑줄 친 낱말이 맞으면 ○표, 틀리면 ×표 하세요.

✅ 아래 밑줄 친 낱말을 바르게 고쳐 쓰세요.

1 <u>돋뽀기</u>로 식물의 잎을 가까이에서 관찰해요.
➡ ☐☐☐

2 교실 <u>압쪽</u>에 앉은 친구부터 발표를 했어요.
➡ ☐☐

3 그림 대회에서 <u>상짱</u>을 받아 기뻤어요.
➡ ☐☐

✅ 빈칸에 들어갈 낱말을 낱말 카드에서 골라 쓰세요.

1 **창밖** **창박**   ☐☐ 에 비가 내려요.

2 **글자** **글짜**   ☐☐ 를 또박또박 써요.

3 **손뜽** **손등**   물감이 ☐☐ 에 묻었어요.

4 **숩쏙** **숲속**   ☐☐ 에 동물들이 살아요.

소리가 다른데 헷갈리는 낱말을 익혀 보세요.

2장

받아쓰기에서 잘못 쓰기 쉬운 낱말

Day 14 — 키가 작다 / 개수가 적다

작다
- 뜻: 크기나 부피, 키가 다른 것보다 덜하다.
- 예: 동생은 나보다 키가 **작다**.

적다
- 뜻: 수나 양이 많지 않다.
- 예: 사탕 개수가 **적다**.

뜻이 다르니 주의하세요!

2 문장 쓰기 — 다음 문장을 따라 써 보세요.

작다
동생은 나보다 키가 작다.

동생은 나보다 키가 작다.

작아요
새로 산 신발이 작아요.

새로 산 신발이 작아요.

1 낱말 쓰기 다음 낱말을 따라 써 보세요.

작다	키가 작 다 .
작아요	키가 작 아 요 .

적다	개수가 적 다 .
적어요	개수가 적 어 요 .

3 문장 쓰기 다음 문장을 따라 써 보세요.

적다 사탕 개수가 적다.

사탕 개수가 적다.

적어요 남은 용돈이 적어요.

남은 용돈이 적어요.

Day 15   발이 크다 / 숙제가 많다

뜻 사람이나 사물의 길이, 넓이, 높이가 보통을 넘는다.
예 아빠의 발이 크다.

뜻 수, 양, 횟수가 보통을 넘는다.
예 해야 할 숙제가 많다.

하루에 두 쪽씩 공부해요.

2 문장 쓰기 ▶ 다음 문장을 따라 써 보세요.

크다   아빠의 발이 크다.

아빠의 발이 크다.

커요   선물 상자가 커요.

선물 상자가 커요.

1 낱말 쓰기 다음 낱말을 따라 써 보세요.

크다	발이 크 다 .
커요	발이 커 요 .

많다	숙제가 많 다 .
많아요	숙제가 많 아 요 .

3 문장 쓰기 다음 문장을 따라 써 보세요.

많다 해야 할 숙제가 많다.

해야 할 숙제가 많다.

많아요 공원에 사람들이 많아요.

공원에 사람들이 많아요.

Day 16 생각이 다르다 / 답이 틀리다

다르다
- 뜻: 모양이나 생각이 서로 똑같지 않아 구별되다.
- 예: 내 생각은 너와 **다르다**.

틀리다
- 뜻: 셈이나 사실이 맞지 않다.
- 예: 수학 문제의 답을 **틀리다**.

또박또박 따라 쓰며 익혀요!

2 문장 쓰기 ▷ 다음 문장을 따라 써 보세요.

다르다
내 생각은 너와 다르다.

내 생각은 너와 다르다.

달라요
두 그림은 색깔이 달라요.

두 그림은 색깔이 달라요.

1 낱말 쓰기 다음 낱말을 따라 써 보세요.

다르다	생각이 다 르 다 .
달라요	생각이 달 라 요 .

틀리다	답이 틀 리 다 .
틀려요	답이 틀 려 요 .

3 문장 쓰기 다음 문장을 따라 써 보세요.

틀리다　수학 문제의 답을 틀리다.

　　　　　수학 문제의 답을 틀리다.

틀려요　이 글은 맞춤법이 틀렸어요.

　　　　　이 글은 맞춤법이 틀렸어요.

Day 17 옷이 **두껍다** / 우정이 **두텁다**

두껍다
- 뜻: 물건이나 종이, 옷의 두께가 크다.
- 예: 겨울옷이 **두껍다**.

두텁다
- 뜻: 믿음이나 우정이 깊다.
- 예: 두 친구는 우정이 **두텁다**.

예문으로 쉽게 익혀요.

2 문장 쓰기 — 다음 문장을 따라 써 보세요.

두껍다 | 겨울옷이 두껍다.
겨울옷이 두껍다.

두꺼워요 | 책이 너무 두꺼워요.
책이 너무 두꺼워요.

1 낱말 쓰기 다음 낱말을 따라 써 보세요.

두껍다	옷이 두껍다.
두꺼워요	옷이 두꺼워요.

두텁다	우정이 두텁다.
두터워요	우정이 두터워요.

3 문장 쓰기 다음 문장을 따라 써 보세요.

두텁다 두 친구는 우정이 두텁다.

두 친구는 우정이 두텁다.

두터워요 가족 간의 사랑이 두터워요.

가족 간의 사랑이 두터워요.

Day 18 약속을 잊다 / 지갑을 잃다

2 문장 쓰기 다음 문장을 따라 써 보세요.

잊다 중요한 약속을 잊다.

중요한 약속을 잊다.

잊어요 숙제하는 걸 잊었어요.

숙제하는 걸 잊었어요.

1 낱말 쓰기 다음 낱말을 따라 써 보세요.

잊다	약속을 잊다.
잊어요	약속을 잊어요.

잃다	지갑을 잃다.
잃어요	지갑을 잃어요.

3 문장 쓰기 다음 문장을 따라 써 보세요.

잃다	버스에서 지갑을 잃다.
	버스에서 지갑을 잃다.

잃어요	휴대전화를 잃었어요.
	휴대전화를 잃었어요.

Day 19 창문을 닫다 / 손이 닿다

닫다
- 뜻: 열려 있는 문이나 창문을 다시 막거나 덮다.
- 예: 열린 창문을 닫다.

닿다
- 뜻: 어떤 물건이나 몸이 서로 맞붙어 있다.
- 예: 손이 천장에 닿다.

여러 번 읽고 따라 써요!

2 문장 쓰기 다음 문장을 따라 써 보세요.

닫다
열린 창문을 닫다.

열린 창문을 닫다.

닫아요
책상 서랍을 닫아요.

책상 서랍을 닫아요.

1 낱말 쓰기 다음 낱말을 따라 써 보세요.

닫다	창문을 닫다.
닫아요	창문을 닫아요.

닿다	손이 닿다.
닿아요	손이 닿아요.

3 문장 쓰기 다음 문장을 따라 써 보세요.

닿다 손이 천장에 닿다.

손이 천장에 닿다.

닿아요 발이 바닥에 닿았어요.

발이 바닥에 닿았어요.

Day 20 - 눈부신 햇빛 / 따뜻한 햇볕

햇빛
- 뜻: 해에서 나오는 밝은 빛.
- 예: **햇빛**이 밝아 눈부시다.

햇볕
- 뜻: 해에서 나오는 따뜻한 열.
- 예: 따뜻한 **햇볕**을 쬐다.

예문도 직접 만들어 보세요.

2 문장 쓰기 ▷ 다음 문장을 따라 써 보세요.

햇빛

햇빛이 밝아 눈부시다.

햇빛이 밝아 눈부시다.

눈으로 볼 수 있는 것은 '햇빛'.

침대 위로 햇빛이 비쳐요.

침대 위로 햇빛이 비쳐요.

1 낱말 쓰기 다음 낱말을 따라 써 보세요.

햇빛
- 눈부신 햇빛.
- 햇빛이 눈부셔요.

햇볕
- 따뜻한 햇볕.
- 햇볕이 따뜻해요.

3 문장 쓰기 다음 문장을 따라 써 보세요.

햇볕

따뜻한 햇볕을 쬐다.

따뜻한 햇볕을 쬐다.

햇볕에 이불을 말렸어요.

햇볕에 이불을 말렸어요.

몸으로 느껴지는 것은 '햇볕'.

Day 21   한참 기다리다 / 한창 사춘기이다

한참
- 뜻: 시간이 꽤 지나는 동안.
- 예: 엄마를 **한참** 기다렸다.

한창
- 뜻: 어떤 일이 가장 활발하게 일어나고 있는 때.
- 예: 형은 **한창** 사춘기이다.

혼동하기 쉬운 낱말이에요.

 **문장 쓰기** ▶ 다음 문장을 따라 써 보세요.

한참

엄마를 한참 기다렸다.

엄마를 한참 기다렸다.

'한참'은 긴 시간을 뜻해요.

한참 뒤에 친구가 왔어요.

한참 뒤에 친구가 왔어요.

1 낱말 쓰기 다음 낱말을 따라 써 보세요.

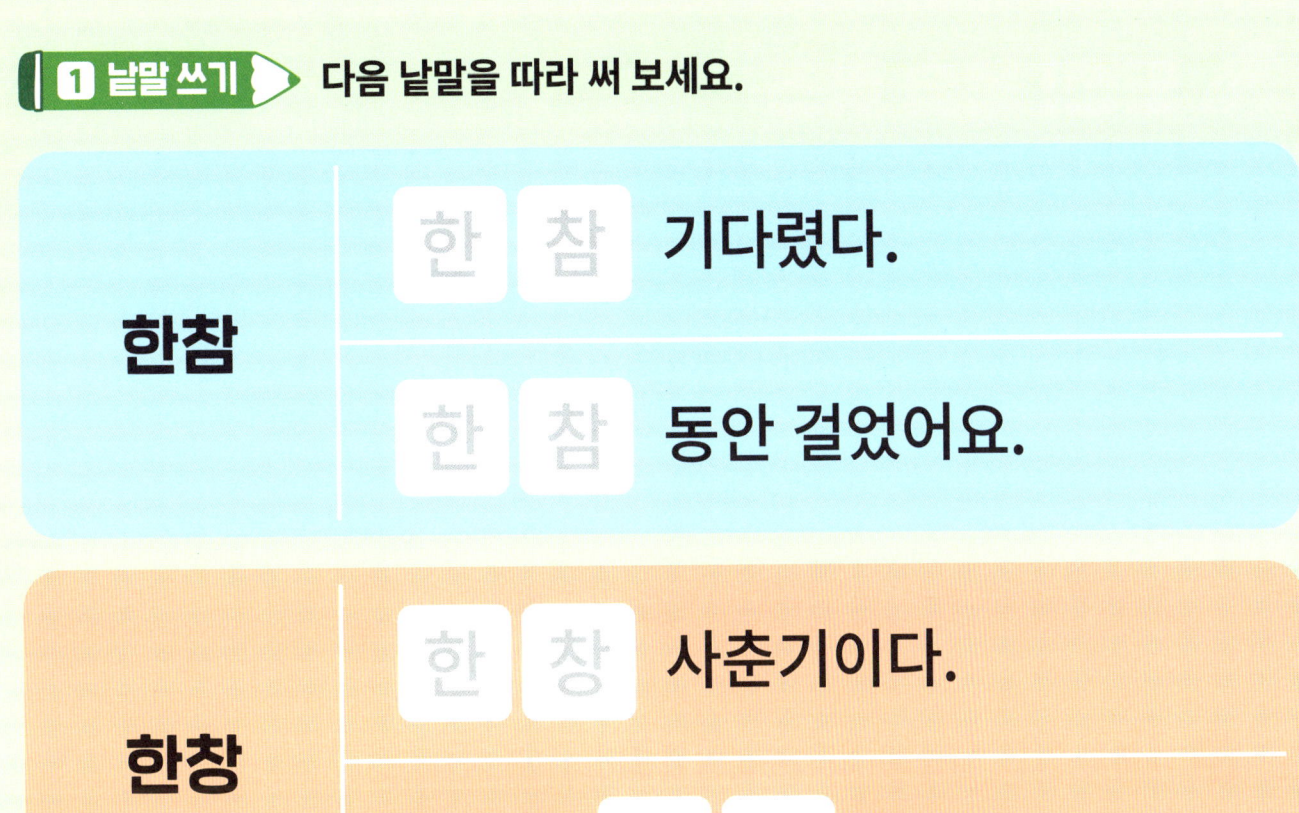

3 문장 쓰기 다음 문장을 따라 써 보세요.

한창 형은 한창 사춘기이다.

형은 한창 사춘기이다.

'한창'은 활동 중임 의미해요.

꽃이 한창 피는 시기예요.

꽃이 한창 피는 시기예요.

✏️ 도전! 복습 퀴즈

✅ 다음 문장을 읽고, 알맞은 낱말에 ○표 하세요.

1 내 동생은 나보다 키가 (**적어요** / **작아요**).

2 열린 창문을 좀 (**닫아** / **닿아**) 주세요.

3 읽어야 할 책이 너무 (**두터워요** / **두꺼워요**).

✅ 대화를 읽고, 밑줄에 알맞은 낱말을 골라 ○표 하세요.

도윤: 난 매운 음식 좋아하는데, 넌 싫어하잖아.

지훈: 응, 우리는 입맛이 _____❶ 것 같아.

도윤: 오늘 숙제는 다 했어?

지훈: 나 숙제를 깜박 _____❷.

❶ (틀린 / 다른) ❷ (잊었어 / 잃었어)

✅ 아래 문장에 어울리는 낱말을 골라 빈칸에 쓰세요.

1 용돈이 작아서 적어서 사고 싶은 걸 못 샀어.
→ ☐☐☐

2 두 그림은 비슷해 보이지만 색깔이 틀려요 달라요.
→ ☐☐☐

3 학교 앞에서 엄마를 한창 한참 기다렸어요.
→ ☐☐

✅ 빈칸에 들어갈 낱말을 낱말 카드에서 골라 쓰세요.

1 닫다 닿다   손이 버스 천장에 ☐☐.

2 많다 크다   오늘 해야 할 숙제가 ☐☐.

3 햇빛 햇볕   ☐☐이 밝아 눈부시다.

4 잊다 잃다   마트에서 지갑을 ☐☐.

Day 22 물감을 섞다 / 과일이 썩다

섞다
- 뜻: 여러 가지를 한데 합치다.
- 예: 두 가지 색깔의 물감을 **섞다**.

썩다
- 뜻: 상하거나 망가져서 못 쓰게 되다.
- 예: 땅에 떨어진 과일이 **썩다**.

글자 하나로 뜻이 달라져요.

2 문장 쓰기 다음 문장을 따라 써 보세요.

섞다 두 가지 색깔의 물감을 섞다.

두 가지 색깔의 물감을 섞다.

섞어요 밀가루에 달걀을 섞어요.

밀가루에 달걀을 섞어요.

1 낱말 쓰기 다음 낱말을 따라 써 보세요.

섞다	물감을 섞 다 .
섞어요	물감을 섞 어 요 .

썩다	과일이 썩 다 .
썩어요	과일이 썩 어 요 .

3 문장 쓰기 다음 문장을 따라 써 보세요.

썩다 땅에 떨어진 과일이 썩다.

땅에 떨어진 과일이 썩다.

썩어요 음식이 오래되면 썩어요.

음식이 오래되면 썩어요.

Day 23   새가 날다 / 상자를 나르다

날다
- 뜻: 새나 비행기처럼 공중을 떠서 움직이다.
- 예: 새가 하늘을 날다.

나르다
- 뜻: 물건을 옮기다.
- 예: 무거운 상자를 나르다.

자주 틀리는 낱말이에요.

2 문장 쓰기 ▶ 다음 문장을 따라 써 보세요.

날다
새가 하늘을 날다.

새가 하늘을 날다.

날아요
종이비행기가 높이 날아요.

종이비행기가 높이 날아요.

1 낱말 쓰기 다음 낱말을 따라 써 보세요.

날다	새가 날다.
날아요	새가 날아요.

나르다	상자를 나르다.
날라요	상자를 날라요.

3 문장 쓰기 다음 문장을 따라 써 보세요.

나르다 | 무거운 상자를 나르다.
| | 무거운 상자를 나르다.

날라요 | 의자를 강당으로 날랐어요.
| | 의자를 강당으로 날랐어요.

Day 24 손전등으로 비추다 / 거울에 비치다

비추다
- 뜻: 어떤 곳에 빛을 쏘다.
- 예: 손전등으로 길을 비추다.

비치다
- 뜻: 빛에 모양이 드러나다. 빛이 들어오다.
- 예: 거울에 내 얼굴이 비치다.

예문으로 쉽게 익혀요.

2 문장 쓰기 ▷ 다음 문장을 따라 써 보세요.

비추다 손전등으로 길을 비추다.

손전등으로 길을 비추다.

비춰요 자동차 불빛이 도로를 비춰요.

자동차 불빛이 도로를 비춰요.

1 낱말 쓰기 ▶ 다음 낱말을 따라 써 보세요.

비추다	손전등으로 비 추 다 .
비춰요	손전등으로 비 춰 요 .
비치다	거울에 비 치 다 .
비쳐요	거울에 비 쳐 요 .

3 문장 쓰기 ▶ 다음 문장을 따라 써 보세요.

비치다   거울에 내 얼굴이 비치다.

거울에 내 얼굴이 비치다.

비쳐요   커튼이 얇아서 햇빛이 비쳐요.

커튼이 얇아서 햇빛이 비쳐요.

Day 25 행복하기를 바라다 / 색이 바래다

바라다
- 뜻: 무언가가 이루어졌으면 좋겠다고 생각하다.
- 예: 친구가 행복하기를 **바라다**.

바래다
- 뜻: 색이 햇빛 등으로 흐려지다.
- 예: 오래 입은 옷의 색이 **바래다**.

뜻이 다르니 주의하세요!

2 문장 쓰기 ▷ 다음 문장을 따라 써 보세요.

바라다 | 친구가 행복하기를 바라다.
| 친구가 행복하기를 바라다.

바라요 | 시험 잘 보기를 바라요.
| 시험 잘 보기를 바라요.

1 낱말 쓰기 ▷ 다음 낱말을 따라 써 보세요.

바라다	행복하기를 바라다.
바라요	행복하기를 바라요.

바래다	색이 바래다.
바래요	색이 바래요.

3 문장 쓰기 ▷ 다음 문장을 따라 써 보세요.

바래다 오래 입은 옷의 색이 바래다.

오래 입은 옷의 색이 바래다.

바래요 사진이 흐릿하게 바랬어요.

사진이 흐릿하게 바랬어요.

Day 26 문구점에 들르다 / 음악 소리가 들리다

들르다
- 뜻: 가는 길에 잠깐 머무르다.
- 예: 하굣길에 문구점에 들르다.

들리다
- 뜻: 소리나 말이 귀에 들려오다.
- 예: 밖에서 음악 소리가 들리다.

뜻을 생각하며 따라 써요.

2 문장 쓰기 ▶ 다음 문장을 따라 써 보세요.

들르다 | 하굣길에 문구점에 들르다.

하굣길에 문구점에 들르다.

들러요 | 집에 가다 서점에 들렀어요.

집에 가다 서점에 들렀어요.

1 낱말 쓰기   다음 낱말을 따라 써 보세요.

들르다	문구점에 들 르 다 .
들러요	문구점에 들 러 요 .

들리다	음악 소리가 들 리 다 .
들려요	음악 소리가 들 려 요 .

3 문장 쓰기   다음 문장을 따라 써 보세요.

들리다   밖에서 음악 소리가 들리다.

밖에서 음악 소리가 들리다.

들려요   현관문 여는 소리가 들렸어요.

현관문 여는 소리가 들렸어요.

Day 27 간격을 벌리다 / 말싸움을 벌이다

벌리다
- 뜻: 둘 사이를 넓히다. 닫혀 있는 것을 열다.
- 예: 줄을 설 때 간격을 **벌리다**.

벌이다
- 뜻: 일을 시작하다. 물건을 늘어놓다.
- 예: 친구와 말싸움을 **벌이다**.

비슷해 보여도 다른 말이에요.

2 문장 쓰기 ▷ 다음 문장을 따라 써 보세요.

벌리다 | 줄을 설 때 간격을 벌리다.

줄을 설 때 간격을 벌리다.

벌려요 | 입을 크게 벌려 하품했어요.

입을 크게 벌려 하품했어요.

1 낱말 쓰기 ▸ 다음 낱말을 따라 써 보세요.

벌리다	간격을 벌리다.
벌려요	간격을 벌려요.

벌이다	말싸움을 벌이다.
벌여요	말싸움을 벌여요.

3 문장 쓰기 ▸ 다음 문장을 따라 써 보세요.

벌이다 　친구와 말싸움을 벌이다.

　　　　　친구와 말싸움을 벌이다.

벌여요 　장난감을 바닥에 벌여 놓았어요.

　　　　　장난감을 바닥에 벌여 놓았어요.

Day 28 군인이었다 / 가수였다

-이었다
- 뜻) 받침이 있는 말 뒤에 붙는다.
- 예) 아빠는 예전에 군인이었다.

-였다
- 뜻) 받침이 없는 말 뒤에 붙는다.
- 예) 그는 유명한 가수였다.

문장 속에서 구별해 보세요.

2 문장 쓰기 ▶ 다음 문장을 따라 써 보세요.

이었다 아빠는 예전에 군인이었다.

아빠는 예전에 군인이었다.

이었어요 나는 작년에 반장이었어요.

나는 작년에 반장이었어요.

1 낱말 쓰기 다음 낱말을 따라 써 보세요.

이었다	군인 이 었 다 .
이었어요	군인 이 었 어 요 .

였다	가수 였 다 .
였어요	가수 였 어 요 .

3 문장 쓰기 다음 문장을 따라 써 보세요.

였다
그는 유명한 가수였다.
그는 유명한 가수였다.

였어요
어릴 때 꿈이 화가였어요.
어릴 때 꿈이 화가였어요.

Day 29 연필**이에요** / 지우개**예요**

-이에요
- 뜻 받침이 있는 말 뒤에 붙는다.
- 예 이것은 연필**이에요**.

-예요
- 뜻 받침이 없는 말 뒤에 붙는다.
- 예 이것은 지우개**예요**.

예문으로 쉽게 익혀요.

2 문장 쓰기 ▷ 다음 문장을 따라 써 보세요.

이에요

이것은 연필이에요.

이것은 연필이에요.

앞말에 받침이 있으면 '이에요'를 써요.

오늘은 수요일이에요.

오늘은 수요일이에요.

1 낱말 쓰기 다음 낱말을 따라 써 보세요.

이에요
- 연필 이 에 요 .
- 동생 이 에 요 .

예요
- 지우개 예 요 .
- 우유 예 요 .

3 문장 쓰기 다음 문장을 따라 써 보세요.

예요

이것은 지우개예요.

이것은 지우개예요.

내 이름은 민지예요.

내 이름은 민지예요.

앞말에 받침이 없으면 '예요'를 써요.

도전! 복습 퀴즈

✅ 다음 문장을 읽고, 알맞은 낱말에 ○표 하세요.

1 무거운 상자를 조심조심 (날라요 / 날아요).

2 여러 색깔의 물감을 한데 (썩어요 / 섞어요).

3 집에 돌아가는 길에 서점에 (들렸어요 / 들렀어요).

✅ 대화를 읽고, 밑줄에 알맞은 낱말을 골라 ○표 하세요.

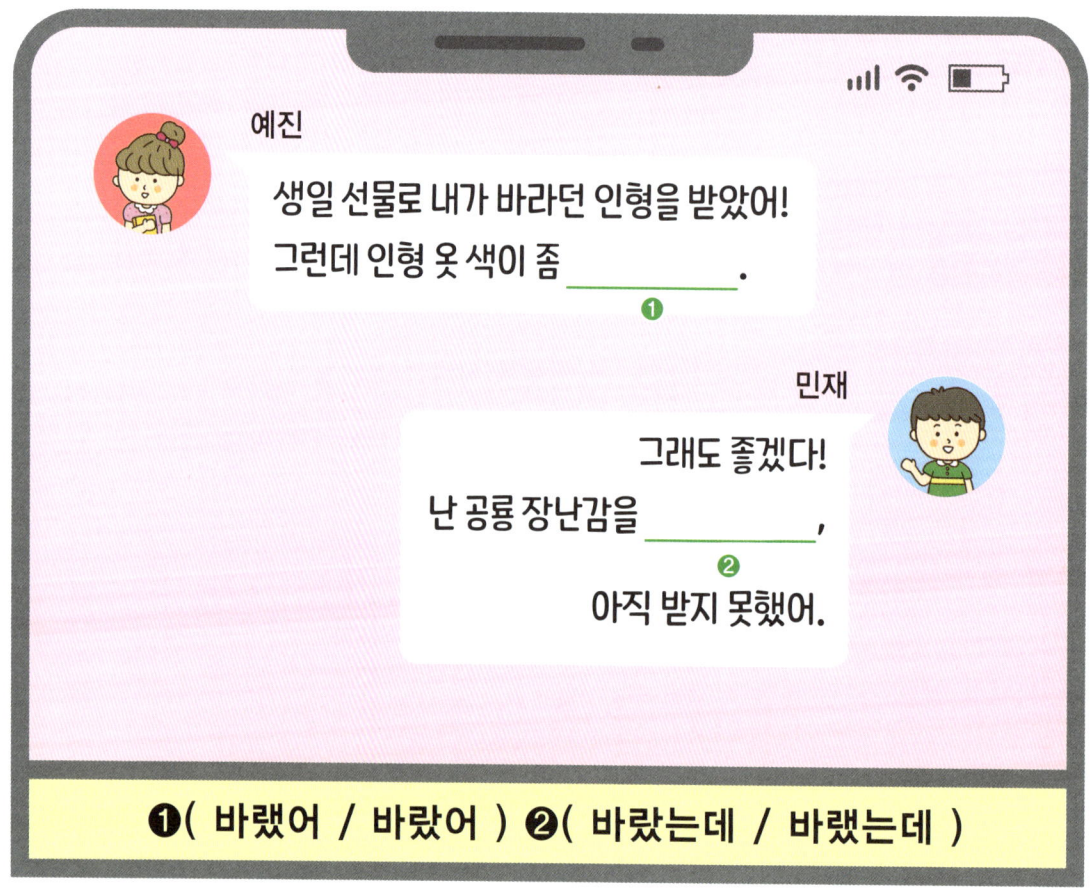

예진: 생일 선물로 내가 바라던 인형을 받았어! 그런데 인형 옷 색이 좀 _____❶.

민재: 그래도 좋겠다! 난 공룡 장난감을 _____❷, 아직 받지 못했어.

❶(바랬어 / 바랐어) ❷(바랐는데 / 바랬는데)

✅ 아래 문장에 어울리는 낱말을 골라 빈칸에 쓰세요.

1 어두운 길을 손전등으로 「비치며 | 비추며」 걸었어요.
   →

2 비행기가 하늘 높이 「날아서 | 날라서」 구름 위를 지나요.
   →

3 오늘은 내가 좋아하는 일요일 「이예요 | 이에요」.
   →

✅ 빈칸에 들어갈 낱말을 낱말 카드에서 골라 쓰세요.

1 섞다 / 썩다   떨어진 과일이   .

2 예요 / 에요   내가 좋아하는 우유   .

3 들르다 / 들리다   음악 소리가   .

4 벌이다 / 벌리다   입을 크게   .

소리가 비슷해서 헷갈리는
낱말을 익혀 보세요.

3장

받아쓰기에서 구별해서 써야 하는 낱말

Day 30 집을 짓다 / 개가 짖다

짓다
- 뜻: 밥이나 옷, 집을 만들다.
- 예: 언덕 위에 집을 짓다.

짖다
- 뜻: 개나 까치, 까마귀가 크게 소리를 내다.
- 예: 개가 멍멍 짖다.

소리가 비슷해도 뜻이 달라요.

2 문장 쓰기 ▷ 다음 문장을 따라 써 보세요.

짓다
언덕 위에 집을 짓다.

언덕 위에 집을 짓다.

지어요
콩을 섞어 밥을 지어요.

콩을 섞어 밥을 지어요.

1 낱말 쓰기 다음 낱말을 따라 써 보세요.

| 짓다 | 집을 짓 다 . |
| 지어요 | 집을 지 어 요 . |

| 짖다 | 개가 짖 다 . |
| 짖어요 | 개가 짖 어 요 . |

3 문장 쓰기 다음 문장을 따라 써 보세요.

짖다 | 개가 멍멍 짖다.
| 개가 멍멍 짖다.

짖어요 | 까치가 깍깍 짖어요.
| 까치가 깍깍 짖어요.

Day 31 : 나이가 같다 / 꿈을 갖다

같다
- 뜻: 서로 다르지 않고 똑같다.
- 예: 우리는 나이가 같다.

갖다
- 뜻: 가지고 있다는 뜻으로, '가지다'의 줄임말.
- 예: 이루고 싶은 꿈을 갖다.

또박또박 따라 쓰며 익혀요!

2 문장 쓰기 ▷ 다음 문장을 따라 써 보세요.

같다
우리는 나이가 같다.

우리는 나이가 같다.

같아요
친구와 나는 생일이 같아요.

친구와 나는 생일이 같아요.

1 낱말 쓰기 ▶ 다음 낱말을 따라 써 보세요.

같다	나이가 같다.
같아요	나이가 같아요.

갖다	꿈을 갖다.
가져요	꿈을 가져요.

3 문장 쓰기 ▶ 다음 문장을 따라 써 보세요.

갖다 | 이루고 싶은 꿈을 갖다.

가져요 | 빵을 반씩 나눠 가졌어요.

Day 32   물이 새다 / 힘이 세다

새다
- 뜻: 물과 같은 액체가 밖으로 조금씩 흘러나오다.
- 예: 물병에서 물이 **새다**.

세다
- 뜻: 힘이 강하다. 또는 숫자를 헤아리다.
- 예: 아빠는 힘이 **세다**.

뜻이 다르니 주의하세요!

2 문장 쓰기 ▷ 다음 문장을 따라 써 보세요.

새다

물병에서 물이 새다.

물병에서 물이 새다.

새요

창문 틈으로 비가 새요.

창문 틈으로 비가 새요.

1 낱말 쓰기
다음 낱말을 따라 써 보세요.

새다	물이 새 다 .
새요	물이 새 요 .

세다	힘이 세 다 .
세요	힘이 세 요 .

3 문장 쓰기
다음 문장을 따라 써 보세요.

세다 아빠는 힘이 세다.

아빠는 힘이 세다.

세요 하나, 둘, 셋! 숫자를 세요.

하나, 둘, 셋! 숫자를 세요.

Day 33 : 끈을 매다 / 책가방을 메다

- 매다: 끈이나 줄 같은 것을 묶거나 조이다. 예) 운동화 끈을 매다.
- 메다: 어깨에 짐을 걸치다. 예) 어깨에 책가방을 메다.

뜻을 생각하며 따라 써요.

2 문장 쓰기 ▷ 다음 문장을 따라 써 보세요.

매다

운동화 끈을 매다.

운동화 끈을 매다.

매요

차를 타면 안전벨트를 매요.

차를 타면 안전벨트를 매요.

1 낱말 쓰기 ▶ 다음 낱말을 따라 써 보세요.

매다	끈을 매 다 .
매요	끈을 매 요 .

메다	책가방을 메 다 .
메요	책가방을 메 요 .

3 문장 쓰기 ▶ 다음 문장을 따라 써 보세요.

메다 | 어깨에 책가방을 메다.

어깨에 책가방을 메다.

메요 | 배낭을 메고 산에 가요.

배낭을 메고 산에 가요.

Day 34 — 날씨가 덥다 / 뚜껑을 덮다

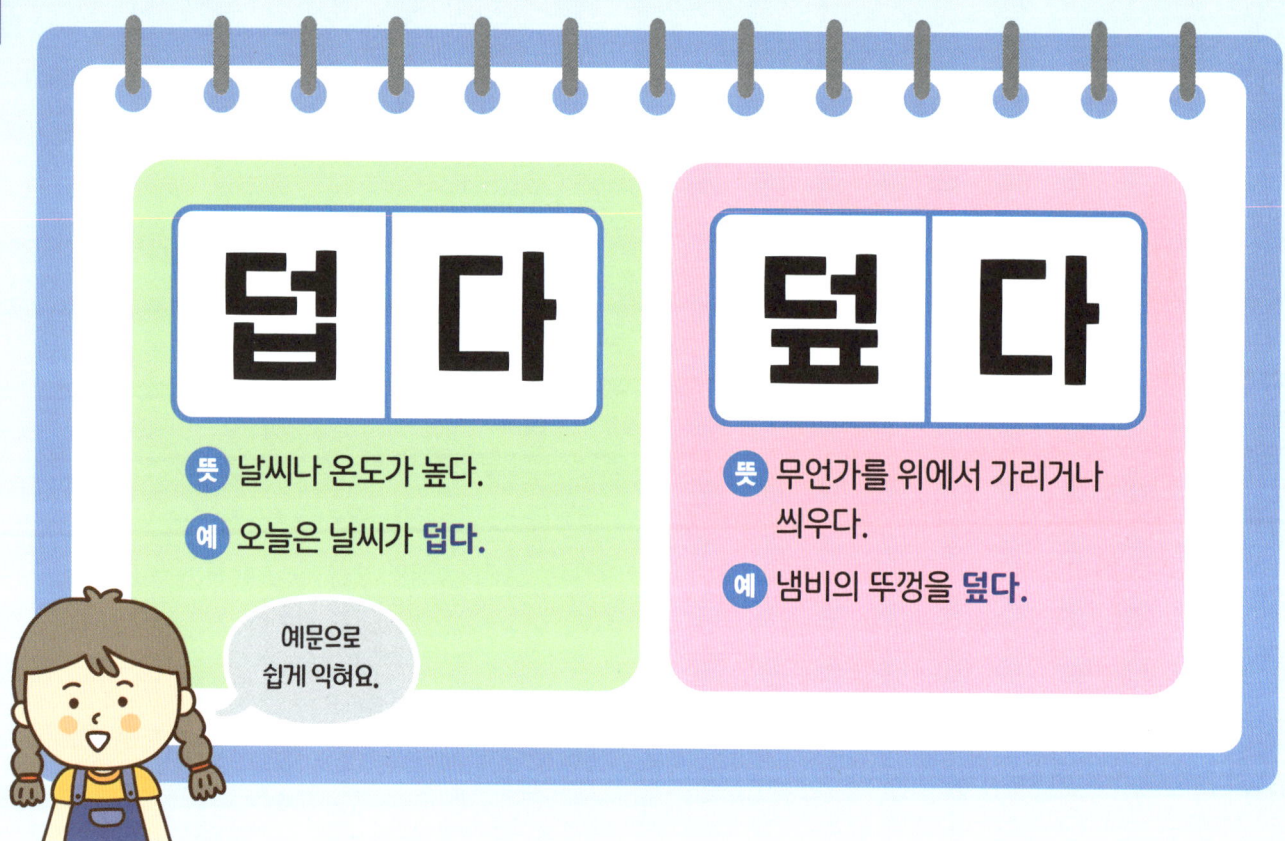

덥다
- 뜻: 날씨나 온도가 높다.
- 예: 오늘은 날씨가 덥다.

덮다
- 뜻: 무언가를 위에서 가리거나 씌우다.
- 예: 냄비의 뚜껑을 덮다.

예문으로 쉽게 익혀요.

2 문장 쓰기 — 다음 문장을 따라 써 보세요.

덥다
오늘은 날씨가 덥다.
오늘은 날씨가 덥다.

더워요
운동을 하고 나니 더워요.
운동을 하고 나니 더워요.

1 낱말 쓰기 다음 낱말을 따라 써 보세요.

덥다	날씨가 덥다.
더워요	날씨가 더워요.

덮다	뚜껑을 덮다.
덮어요	뚜껑을 덮어요.

3 문장 쓰기 다음 문장을 따라 써 보세요.

덮다　냄비의 뚜껑을 덮다.

냄비의 뚜껑을 덮다.

덮어요　잠잘 때는 이불을 덮어요.

잠잘 때는 이불을 덮어요.

Day 35 국을 젓다 / 옷이 젖다

젓다
- 뜻: 손이나 기구로 휘휘 저으며 섞다.
- 예: 숟가락으로 국을 젓다.

젖다
- 뜻: 물에 젖어 축축해지다.
- 예: 비를 맞아서 옷이 젖다.

받침에 주의하세요!

2 문장 쓰기 다음 문장을 따라 써 보세요.

젓다 | 숟가락으로 국을 젓다.

숟가락으로 국을 젓다.

저어요 | 주스를 마시기 전에 잘 저어요.

주스를 마시기 전에 잘 저어요.

1 낱말 쓰기 ▸ 다음 낱말을 따라 써 보세요.

젓다	국을 젓다.
저어요	국을 저어요.

젖다	옷이 젖다.
젖어요	옷이 젖어요.

3 문장 쓰기 ▸ 다음 문장을 따라 써 보세요.

젖다 비를 맞아서 옷이 젖다.

젖어요 물에 빠져서 신발이 젖었어요.

Day 36 아기를 안다 / 의자에 앉다

안다
- 뜻: 두 팔을 벌려 감싸다.
- 예: 엄마가 아기를 안다.

혼동하기 쉬운 낱말이에요.

앉다
- 뜻: 엉덩이를 바닥이나 의자에 대고 쉬다.
- 예: 편안한 의자에 앉다.

2 문장 쓰기 — 다음 문장을 따라 써 보세요.

안다

엄마가 아기를 안다.

엄마가 아기를 안다.

안아요

잘 때 곰 인형을 안아요.

잘 때 곰 인형을 안아요.

1 낱말 쓰기 — 다음 낱말을 따라 써 보세요.

안다	아기를 안 다 .
안아요	아기를 안 아 요 .
앉다	의자에 앉 다 .
앉아요	의자에 앉 아 요 .

3 문장 쓰기 — 다음 문장을 따라 써 보세요.

앉다
편안한 의자에 앉다.

편안한 의자에 앉다.

앉아요
바닥에 앉아 책을 읽어요.

바닥에 앉아 책을 읽어요.

Day 37 감기가 낫다 / 새끼를 낳다

낫다
뜻: 병이나 상처가 괜찮아지다.
예: 약을 먹고 감기가 낫다.

낳다
뜻: 아기나 새끼를 세상에 나오게 하다.
예: 고양이가 새끼를 낳다.

소리가 비슷해도 뜻이 달라요.

2 문장 쓰기 다음 문장을 따라 써 보세요.

낫다
약을 먹고 감기가 낫다.

약을 먹고 감기가 낫다.

나아요
상처가 거의 나았어요.

상처가 거의 나았어요.

1 낱말 쓰기 ▸ 다음 낱말을 따라 써 보세요.

낫다	감기가 낫다.
나아요	감기가 나아요.

낳다	새끼를 낳다.
낳아요	새끼를 낳아요.

3 문장 쓰기 ▸ 다음 문장을 따라 써 보세요.

낳다 고양이가 새끼를 낳다.

낳아요 이모가 아기를 낳았어요.

도전! 복습 퀴즈

✅ 다음 문장을 읽고, 알맞은 낱말에 ○표 하세요.

1 우리는 나이가 (갖아서 / 같아서) 금방 친해졌어요.

2 우리 형은 힘이 (새서 / 세서) 운동을 잘해요.

3 며칠 전에 다친 상처가 거의 (나았어요 / 낳았어요).

✅ 대화를 읽고, 밑줄에 알맞은 낱말을 골라 ○표 하세요.

하은: 주말에 배낭을 _____① 여행 가기로 했어.

소율: 어디로 가는데?

하은: 기차 타고 바다 갈 건데, 창가 자리에 _____② 거야.

소율: 재미있겠다! 나도 기차 타고 싶어!

❶ (매고 / 메고) ❷ (앉을 / 안을)

✅ **아래 문장에 어울리는 낱말을 골라 빈칸에 쓰세요.**

1 등굣길에 비가 와서 신발이 젓어 젖어 버렸어요.
　➡ 　　

2 잠잘 때는 이불을 덥고 덮고 따뜻하게 자요.
　➡ 　　

3 동생이 나보다 장난감을 많이 가졌어요 갖었어요.
　➡ 　　　　

✅ **빈칸에 들어갈 낱말을 낱말 카드에서 골라 쓰세요.**

1 짓다 / 짖다 　건물을 높이 　　.

2 매다 / 메다 　운동화 끈을 단단히 　　.

3 낫다 / 낳다 　고양이가 새끼를 　　.

4 덮다 / 덥다 　오늘은 날씨가 매우 　　.

Day 38 산 너머 / 담을 넘어

너머
뜻: 무언가의 반대쪽이나 뒤쪽.
예: 산 **너머**로 해가 졌다.

넘어
뜻: 무언가를 뛰어넘거나 지나가다.
예: 도둑이 담을 **넘어** 들어왔다.

뜻이 다르니 주의하세요!

2 문장 쓰기 ▷ 다음 문장을 따라 써 보세요.

너머

산 너머로 해가 졌다.

산 너머로 해가 졌다.

'너머'는 저쪽을 의미해요.

창문 너머에서 소리가 들려요.

창문 너머에서 소리가 들려요.

1 낱말 쓰기 ▶ 다음 낱말을 따라 써 보세요.

너머
- 산 너머.
- 언덕 너머.

넘어
- 담을 넘어.
- 울타리를 넘어.

3 문장 쓰기 ▶ 다음 문장을 따라 써 보세요.

넘어

도둑이 담을 넘어 들어왔다.

도둑이 담을 넘어 들어왔다.

줄을 넘어가지 마세요.

줄을 넘어가지 마세요.

'넘어'는 넘는 동작을 뜻해요.

Day 39 · 텃밭에 거름 / 빠른 걸음

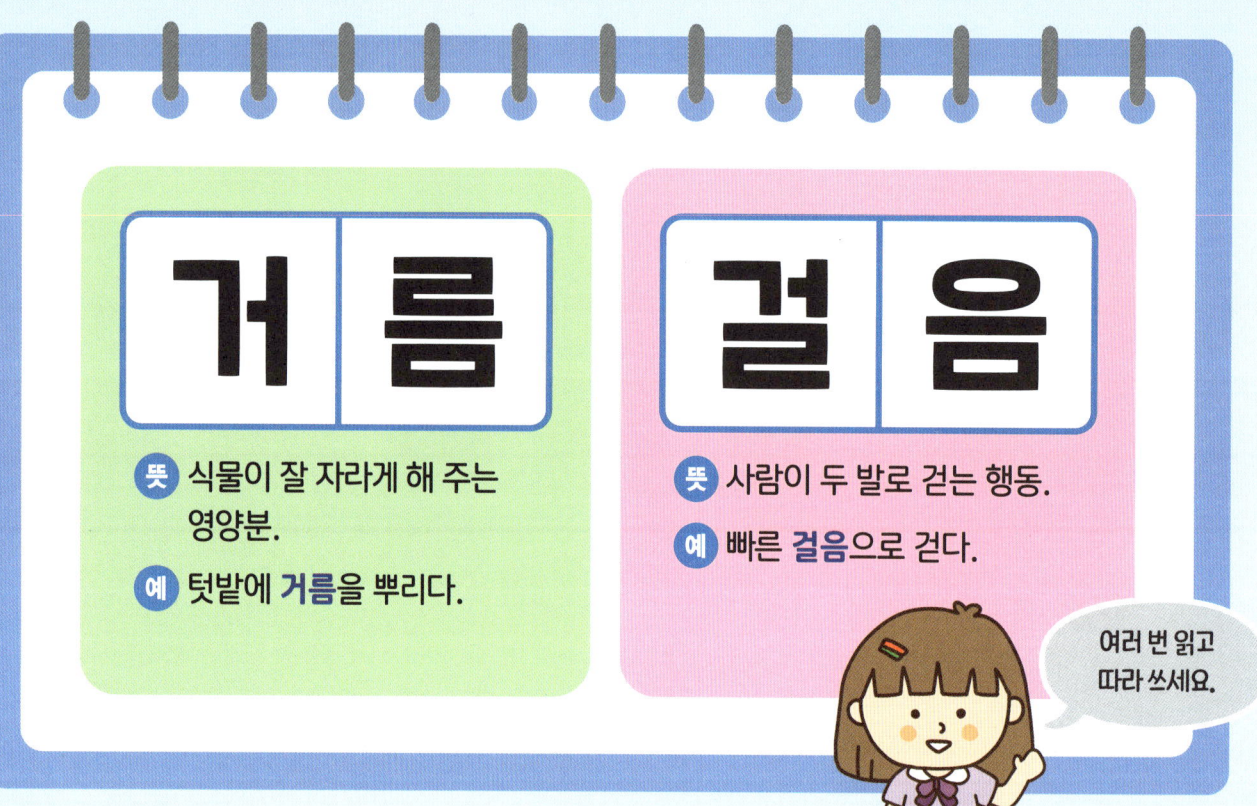

거름
- 뜻: 식물이 잘 자라게 해 주는 영양분.
- 예: 텃밭에 거름을 뿌리다.

걸음
- 뜻: 사람이 두 발로 걷는 행동.
- 예: 빠른 걸음으로 걷다.

여러 번 읽고 따라 쓰세요.

2 문장 쓰기 ▶ 다음 문장을 따라 써 보세요.

거름

텃밭에 거름을 뿌리다.

텃밭에 거름을 뿌리다.

식물이 좋아하는 것은 '거름'.

화분에 거름을 줬어요.

화분에 거름을 줬어요.

1 낱말 쓰기 다음 낱말을 따라 써 보세요.

| 거름 | 거름 을 뿌리다. |
| | 거름 을 주다. |

| 걸음 | 빠른 걸음 |
| | 느린 걸음 |

3 문장 쓰기 다음 문장을 따라 써 보세요.

걸음

빠른 걸음으로 걷다.

빠른 걸음으로 걷다.

사람이 걷는 것은 '걸음'.

느린 걸음으로 산책했어요.

느린 걸음으로 산책했어요.

Day 40 학교에 있다가 / 이따가 만나자

있다가
- 뜻: 어떤 곳에 잠깐 머물다가.
- 예: 학교에 **있다가** 집에 가다.

이따가
- 뜻: 조금 지난 뒤에.
- 예: **이따가** 놀이터에서 만나자.

매일 두 쪽씩 꾸준히 해요.

2 문장 쓰기 ▶ 다음 문장을 따라 써 보세요.

있다가

학교에 있다가 집에 가다.

학교에 있다가 집에 가다.

장소는 '있다가'로 써요.

방에 있다가 나왔어요.

방에 있다가 나왔어요.

1 낱말 쓰기 다음 낱말을 따라 써 보세요.

| 있다가 | 학교에 있 다 가 |
| | 여기 있 다 가 |

| 이따가 | 이 따 가 만나자. |
| | 이 따 가 오다. |

3 문장 쓰기 다음 문장을 따라 써 보세요.

이따가

이따가 놀이터에서 만나자.

이따가 놀이터에서 만나자.

숙제하고 이따가 놀자.

숙제하고 이따가 놀자.

시간은 '이따가'로 기억해요!

103

Day 41 — 잃어버려서 어떡해 / 어떻게 풀어요?

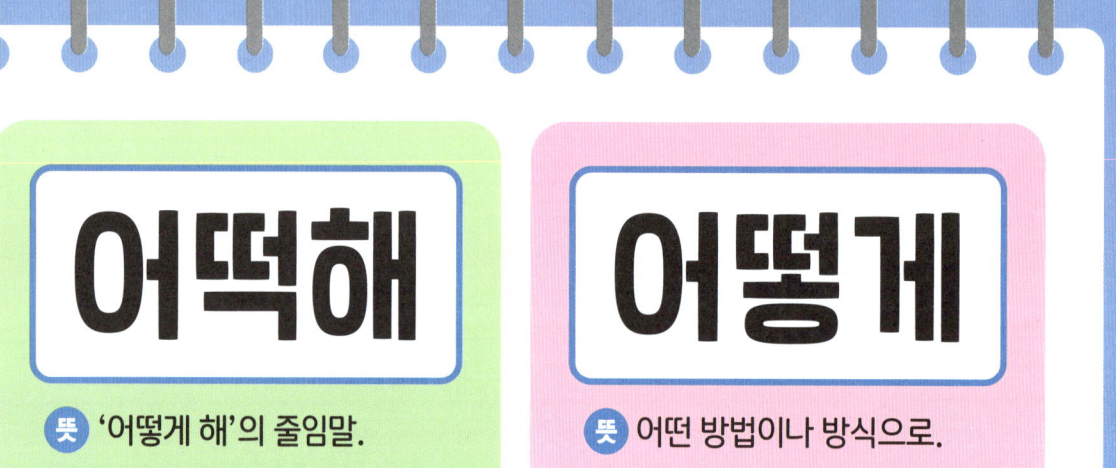

어떡해
- 뜻: '어떻게 해'의 줄임말.
- 예: 시계를 잃어버려서 어떡해!

어떻게
- 뜻: 어떤 방법이나 방식으로.
- 예: 이 문제는 어떻게 풀어요?

예문으로 쉽게 익혀요.

2 문장 쓰기 — 다음 문장을 따라 써 보세요.

어떡해

시계를 잃어버려서 어떡해!

시계를 잃어버려서 어떡해!

어떡해요

비 오는데 우산이 없어서 어떡해요?

비 오는데 우산이 없어서 어떡해요?

1 낱말 쓰기 ▷ 다음 낱말을 따라 써 보세요.

어떡해	잃어버려서 어 떡 해 .
어떡해요	잃어버려서 어 떡 해 요 ?

어떻게	어 떻 게 풀어요?
어떻게 해요	이건 어 떻 게 해 요 ?

3 문장 쓰기 ▷ 다음 문장을 따라 써 보세요.

어떻게 | 이 문제는 어떻게 풀어요?

이 문제는 어떻게 풀어요?

어떻게 해요 | 이 게임은 어떻게 해요?

이 게임은 어떻게 해요?

Day 42 약속을 반드시 / 자세를 반듯이

반드시
- 뜻: 꼭 해야 하거나 지켜야 한다.
- 예: 나는 약속을 **반드시** 지킨다.

반듯이
- 뜻: 삐뚤지 않고 똑바르고 가지런하게.
- 예: 자세를 **반듯이** 하다.

뜻을 생각하며 따라 써요.

2 문장 쓰기 ▷ 다음 문장을 따라 써 보세요.

반드시

나는 약속을 반드시 지킨다.

나는 약속을 반드시 지킨다.

'반드시'는 꼭 해야 해!를 뜻해요.

집에 오면 손을 반드시 씻어요.

집에 오면 손을 반드시 씻어요.

1 낱말 쓰기 다음 낱말을 따라 써 보세요.

3 문장 쓰기 다음 문장을 따라 써 보세요.

반듯이

자세를 반듯이 하다.

자세를 반듯이 하다.

'반듯이'는 똑바르게를 의미해요.

종이를 반듯이 접었어요.

종이를 반듯이 접었어요.

Day 43 수업을 마치다 / 정답을 맞히다

마치다
- 뜻 하던 일을 끝내다.
- 예 학교 수업을 **마치다**.

맞히다
- 뜻 문제의 정답을 맞게 말하다.
- 예 퀴즈 정답을 **맞히다**.

예문을 따라 쓰며 기억해요!

2 문장 쓰기 ▷ 다음 문장을 따라 써 보세요.

마치다
학교 수업을 마치다.

학교 수업을 마치다.

마쳐요
오늘 할 일을 다 마쳤어요.

오늘 할 일을 다 마쳤어요.

1 낱말 쓰기 ▶ 다음 낱말을 따라 써 보세요.

마치다	수업을 마 치 다 .
마쳐요	수업을 마 쳐 요 .

맞히다	정답을 맞 히 다 .
맞혀요	정답을 맞 혀 요 .

3 문장 쓰기 ▶ 다음 문장을 따라 써 보세요.

맞히다 퀴즈 정답을 맞히다.

퀴즈 정답을 맞히다.

맞혀요 수수께끼를 맞혔어요.

수수께끼를 맞혔어요.

Day 44 : 심부름을 시키다 / 국물을 식히다

시키다
- 뜻: 다른 사람에게 어떤 일을 하라고 말하다.
- 예: 엄마가 심부름을 **시키다**.

식히다
- 뜻: 뜨거운 것을 식게 하다.
- 예: 뜨거운 국물을 **식히다**.

소리가 비슷해도 뜻이 달라요.

2 문장 쓰기 — 다음 문장을 따라 써 보세요.

시키다 엄마가 심부름을 시키다.

엄마가 심부름을 시키다.

시켜요 동생에게 청소를 시켰어요.

동생에게 청소를 시켰어요.

1 낱말 쓰기 다음 낱말을 따라 써 보세요.

시키다	심부름을 시키다.
시켜요	심부름을 시켜요.

식히다	국물을 식히다.
식혀요	국물을 식혀요.

3 문장 쓰기 다음 문장을 따라 써 보세요.

식히다 뜨거운 국물을 식히다.

뜨거운 국물을 식히다.

식혀요 라면을 식혀서 먹었어요.

라면을 식혀서 먹었어요.

Day 45

다치다
- 뜻: 몸에 상처가 생기다.
- 예: 넘어져서 무릎을 다치다.

문장 속에서 구별해 보세요.

닫히다
- 뜻: 문이나 창문이 저절로 닫히다.
- 예: 바람에 문이 닫히다.

2 문장 쓰기 ▶ 다음 문장을 따라 써 보세요.

다치다
넘어져서 무릎을 다치다.
넘어져서 무릎을 다치다.

다쳐요
유리 조각에 손을 다쳤어요.
유리 조각에 손을 다쳤어요.

1 낱말 쓰기 다음 낱말을 따라 써 보세요.

다치다	무릎을 다 치 다 .
다쳐요	무릎을 다 쳐 요 .

닫히다	문이 닫 히 다 .
닫혀요	문이 닫 혀 요 .

3 문장 쓰기 다음 문장을 따라 써 보세요.

닫히다 바람에 문이 닫히다.

바람에 문이 닫히다.

닫혀요 지하철 문이 닫혔어요.

지하철 문이 닫혔어요.

도전! 복습 퀴즈

✅ 다음 문장을 읽고, 알맞은 낱말에 ○표 하세요.

1 형은 나에게 방 청소를 (식혔어요 / **시켰어요**).

2 집에 (**있다가** / 이따가) 밖으로 나왔어요.

3 바람 때문에 문이 저절로 (**닫혔어요** / 다쳤어요).

✅ 대화를 읽고, 밑줄에 알맞은 낱말을 골라 ○표 하세요.

지훈: 내일 우리 모둠이 발표하는 거 맞지?

예진: 응, 발표 자료는 _____❶ 챙겨야 해!

지훈: 그런데 발표 자료가 어디 있는지 모르겠어.

예진: _____❷! 다시 잘 찾아봐.

❶ (**반드시** / 반듯이) ❷ (어떻게 / **어떡해**)

✅ 아래 문장에 어울리는 낱말을 골라 빈칸에 쓰세요.

1 게임에서 정답을 마쳐서 맞혀서 1등을 했어요.
   ➡ ☐☐☐

2 숙제 끝내고 이따가 있다가 놀이터에서 놀자!
   ➡ ☐☐☐

3 의자에 앉을 때는 자세를 반드시 반듯이 해요.
   ➡ ☐☐☐

✅ 빈칸에 들어갈 낱말을 낱말 카드에서 골라 쓰세요.

1 너머 / 넘어   산 ☐☐로 해가 지다.

2 걸음 / 거름   텃밭에 ☐☐을 뿌리다.

3 어떡해 / 어떻게   이 게임은 ☐☐☐ 해요?

4 마치다 / 맞히다   오늘 할 일을 ☐☐☐.

정답

1장

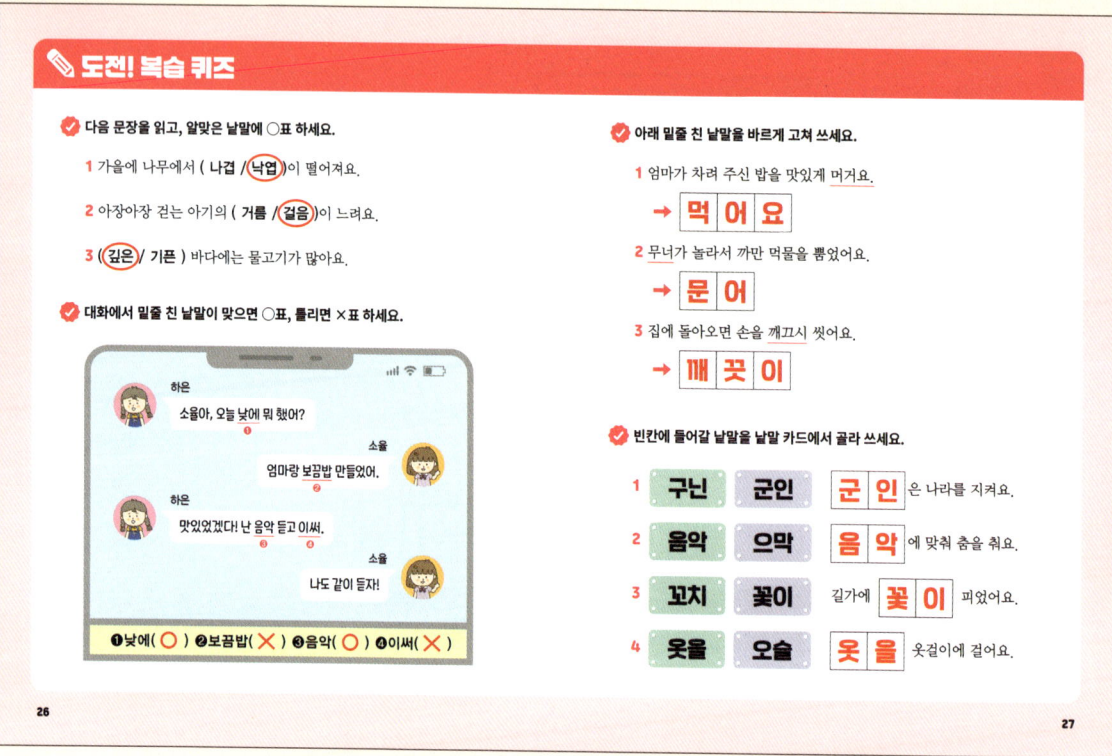

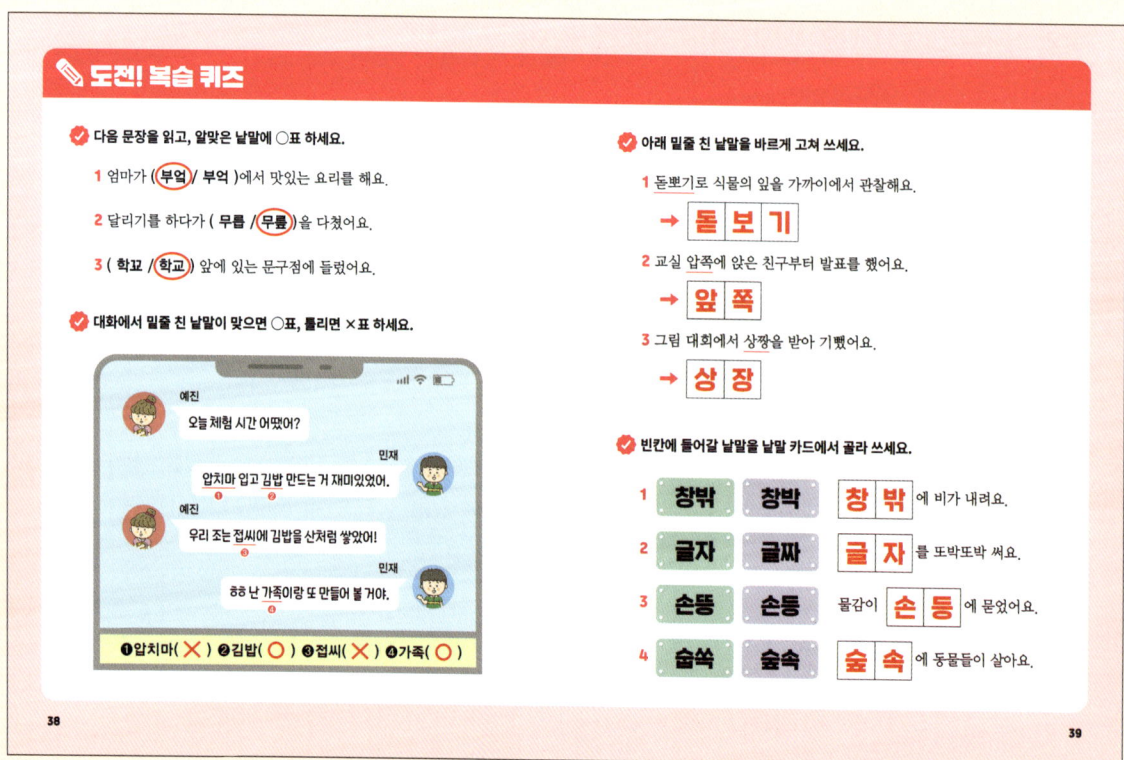

2장

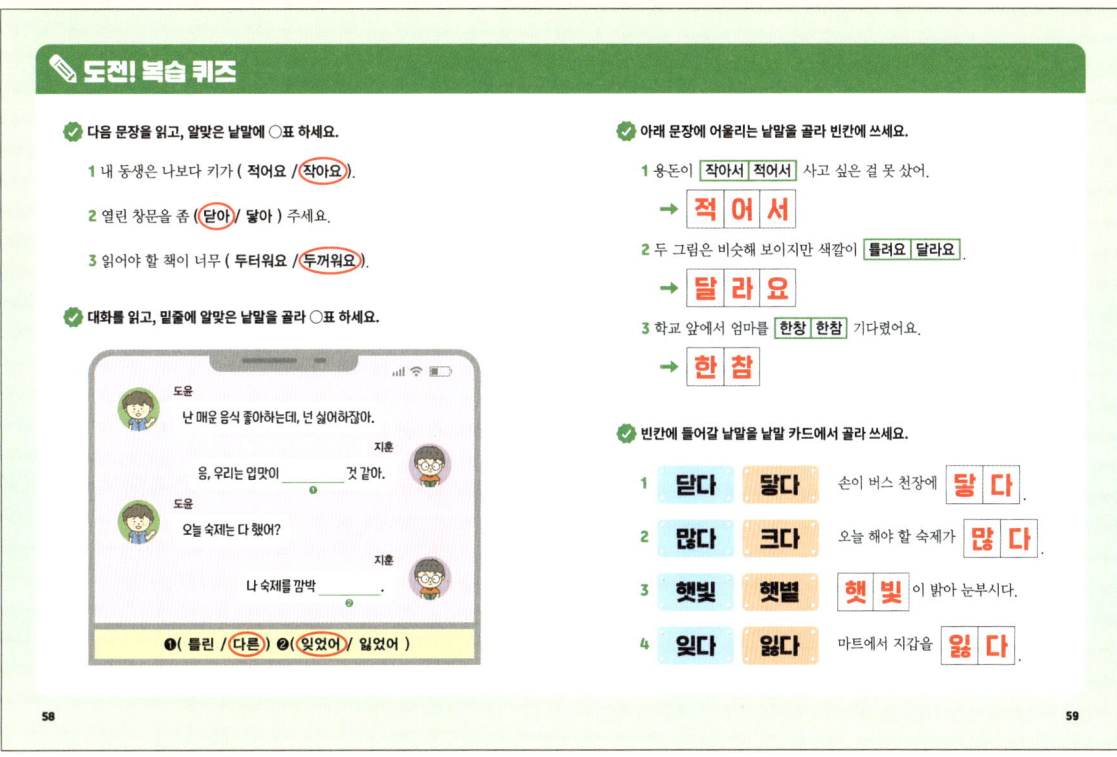

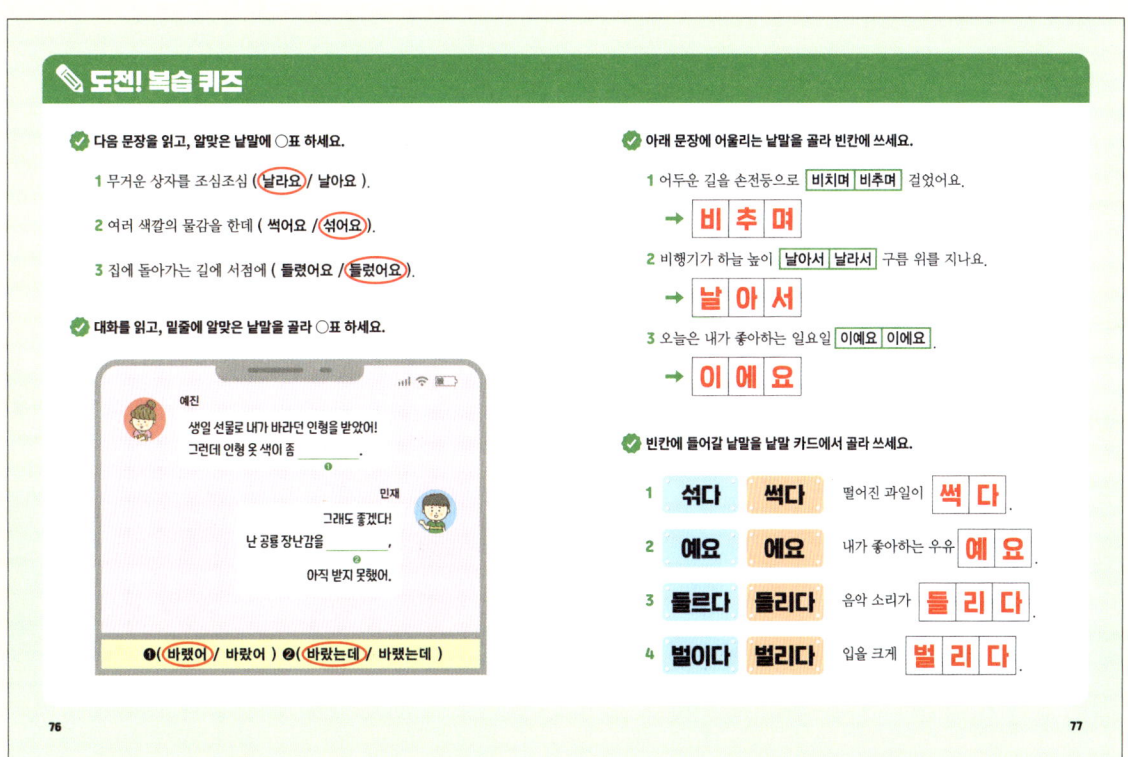

정답

3장

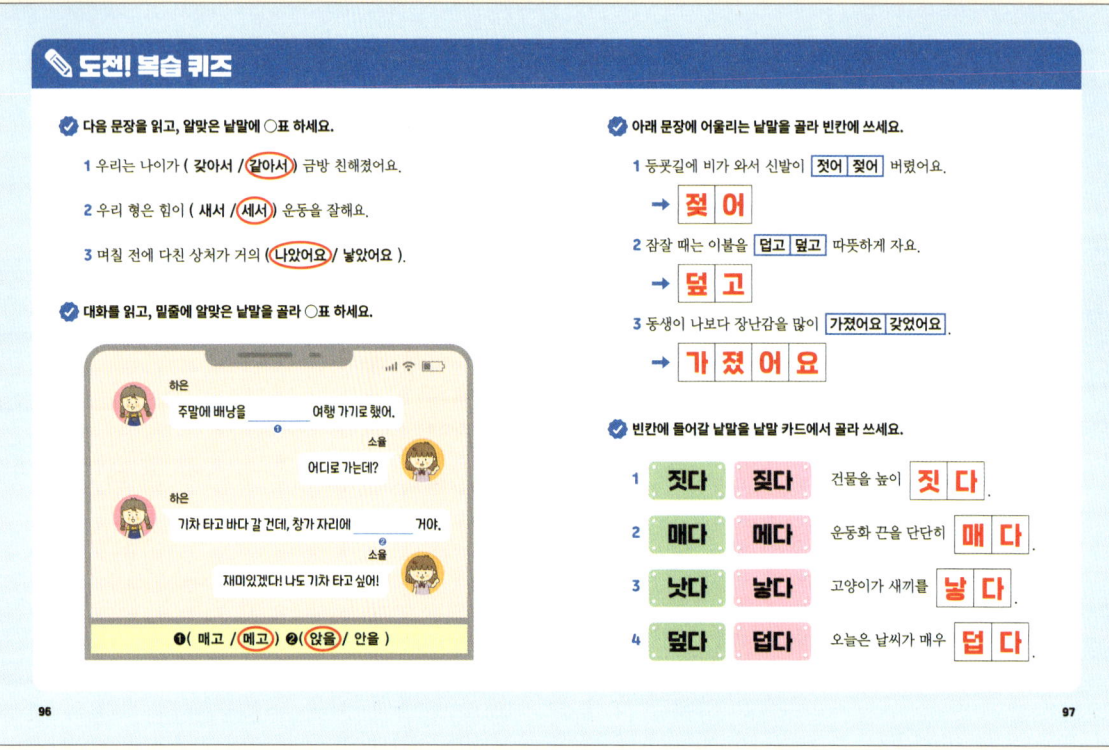

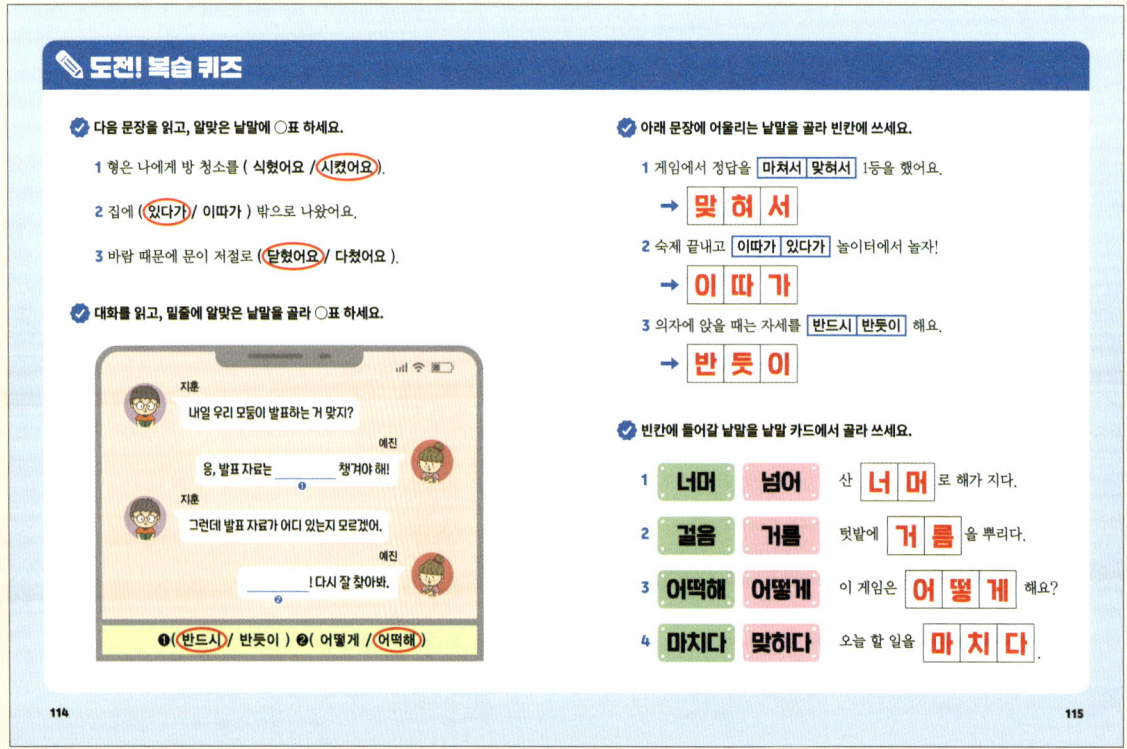

스스로 해냈상

이름 _____

이 책을 처음부터 끝까지
포기하지 않고 멋지게 완성한
나 자신을 아주 많이 칭찬합니다!

_____년 ____월 ____일

지은이 이미선

대학 졸업 후 잡지사와 출판사에서 일하며 서울을 누렸으며,
지금은 제주에서 아이들과 함께 섬 곳곳을 누리며 기획편집자로 일하고 있습니다.
그동안 쓴 책으로는 《국어가 쉬워지는 초등 어휘력 사전》, 《국어가 쉬워지는 초등 맞춤법 사전》,
《예쁜 마음 바른 글씨 또박또박 동시 따라쓰기》, 《하루 10분 초등 문해력 한자 어휘편》,
《똑똑한 한글 그리기 놀이책》, 《하루 10분 맞춤법 따라쓰기》, 《하루 10분 초등 한자 따라쓰기》,
《하루 10분 속담 따라쓰기》, 《하루 10분 초등교과 가로세로 낱말퍼즐》 등이 있습니다.

초판 1쇄 인쇄 2025년 7월 10일
초판 1쇄 발행 2025년 7월 15일

지은이 이미선
펴낸이 박수길
펴낸곳 (주)도서출판 미래지식
디자인 design ko

주소 경기도 고양시 덕양구 통일로 140 삼송테크노밸리 A동 3층 333호
전화 02)389-0152
팩스 02)389-0156
홈페이지 www.miraejisig.co.kr
전자우편 miraejisig@naver.com
등록번호 제 2018-000205호

* 이 책의 판권은 미래지식에 있습니다.
* 값은 표지 뒷면에 표기되어 있습니다.
* 잘못된 책은 구입하신 서점에서 바꾸어 드립니다.

ISBN 979-11-93852-42-2 64710
ISBN 979-11-93852-41-5 (세트)

* 미래주니어는 미래지식의 어린이책 브랜드입니다.